Table of Contents

Workbook

Lab Manual

Alles klar?

Workbook/Lab Manual

Karl F. Otto, Jr.
University of Pennsylvania

Keri L. Bryant
Murray State University

Wolff von Schmidt
University of Utah

Prepared by

Eva-Maria Bates
University of Utah

Executive Editor: *Laura McKenna*
Director of Development: *Marian Wassner*
Assistant Editor: *María F. García*
Editorial Assistant: *Karen George*
Managing Editor: *Deborah Brennan*
Manufacturing Buyer: *Marianne Gloriande*

 ©1996 by Prentice Hall, Inc.
A Viacom Company
Upper Saddle River, New Jersey 07458

Printed in the United States of America
10 9 8 7 6 5 4 3

ISBN   0-13-249939-8

Prentice Hall International (UK) Limited, *London*
Prentice Hall of Australia Pty. Limited, *Sydney*
Prentice Hall Canada Inc., *Toronto*
Prentice Hall Hispanoamericana, S.A., *México*
Prentice Hall of India Private Limited, *New Delhi*
Prentice Hall of Japan, Inc., *Tokyo*
Prentice Hall of Southeast Asia Pte. Ltd, *Singapore*
Editora Prentice Hall do Brasil, Ltda., *Rio de Janeiro*

Workbook

Kapitel 1: Grüß dich! Ich heiße...

Die ersten Schritte

1-1 Verwandte Wörter (*cognates*). All of these words should be familiar to you from English. Can you guess them? Write the English meaning and compare the spelling.

1. der Winter — *the Winter*
2. der Finger — *the finger*
3. der Arm — *the arm*
4. der Ring — *the ring*
5. die Hand — *the hand*
6. die Musik — *the music*
7. die Physik — *the physics*
8. die Biologie — *the biology*
9. die Maus —
10. das Haus — *the house*
11. das Öl —
12. das Wasser — *the water*
13. das Eis — *the ice*
14. das Glas — *the glass*
15. das Schiff —

1-2 Grüße. Write a reply to each greeting.

1. Guten Morgen!
   Guten Morgen! Wie gehts es ihnen?

2. Ich heiße Inge.
   Es freut mich. Ich heiße Jane.

3. Guten Abend!
   Guten Abend! Wie gehts es ihnen?

4. Grüß dich! Wie heißt du?
   Ich heiße Jane

5. Tag!
   Tag! Wie gehts?

1-3 Wie heißen sie? Several students are introducing themselves. Complete their conversation by filling in the blanks.

1. **PETER:** Tag! Ich heiße Peter, wie _heißt_ du?
2. **KLAUS:** Hallo! Ich _heiße_ Klaus.
3. **PETER:** Es _freut_ mich sehr.
4. **KRISTIN:** _Ich_ heiße Kristin, und du?
5. **JUTTA:** Ich heiße Jutta, und _du_?
6. **RUDI:** Grüß _Jutta_! Ich heiße Rudi.
7. **JUTTA:** Es freut _mich_ sehr.
8. **RUDI:** Tschüs!
9. **JUTTA:** _Tschüs_!

1-4 Wie bitte? Make up a question that elicits each answer.

1. _Wie geht es ihnen_?
   Mir geht's gut.
2. _Woher kommst du?_
   Ich komme aus Bonn.
3. _Wie heißt du_?
   Ich heiße Klaus.
4. _Wo arbeitet er_?
   Er arbeitet hier.

1-5 Wie geht's? Give as many answers as you can.

1. _Ich geht sehr gut._
2. _Ich geht nicht krank._
3. _Ich geht krank._
4. _Ich geht müde._
5. _Ich geht nicht müde._
6. _Ich geht nicht gut._

1-6 Hilfe! Your little brother needs help with his spelling. Which letters are missing?

1. a_u_ch
2. se_i_n
3. gu___r
4. di_c_h

5. fre_u_t
6. Morg_e_n
7. mi_ch_
8. hei_ß_e

9. gr_u_ß
10. schr_ei_bt

1-7 Herr Braun trifft (*meets*) **Frau Müller.** Complete their conversation by filling in the blanks.

HERR BRAUN: Guten Abend, Frau Müller.

FRAU MÜLLER: *Guten Abend, Herr Braun* (1)

HERR BRAUN: Geht's _____ (2) gut, Frau Müller?

FRAU MÜLLER: Ja, mir geht's gut. Und *dir* _____ (3), Herr Braun?

HERR BRAUN: Es geht mir auch gut. Wo arbeiten *du* _____ (4) jetzt?

FRAU MÜLLER: Ich arbeite in Stuttgart. Und *du* _____ (5)?

HERR BRAUN: Ich *arbeitet* _____ (6) in Berlin.

FRAU MÜLLER: Also, auf Wiedersehen, Herr Braun!

HERR BRAUN: Auf *Wiedersehen* _____ (7), Frau Müller.

1-8 Zahlen. Which number comes next? Write it in letters.

BEISPIEL: 3, 4, …
fünf

1. 1, 3, 5,… *sieben* _____
2. 2, 4, 6,… *acht* _____
3. 20, 30,… *vierzig* _____
4. 31, 32,… *drei und dreizig* _____
5. 40, 50,… *sechzig* _____
6. 100, 200,… *dreihundert* _____
7. 4000, 5000,… *sechstausend* _____
8. 8, 9,… *zehn* _____
9. 11, 13,… *vierzehn* _____
10. 14, 16,… *achtzehn* _____
11. 50, 60,… *siebzig* _____
12. 77, 78,… *neunundsiebzig* _____

1-9 1 000 Reichsmark. What other denominations up to 1 000 Reichsmark do you think might be likely? Write out the numbers.

Zehn Reichsmark
Einhundert Reichsmark
Fünfhundert Reichsmark
Zwanzig Reichsmark

1-10 Ausdrücke. What do you say if:

1. You don't understand something.

   Das verstehe ich nicht.

2. You want someone to repeat something.

   Wiederholen sie, bitte!

3. You want someone to speak louder.

   Lauter, bitte!

4. Someone speaks too fast.

   Langsamer, bitte!

5. You have a question.

   Ich habe ein frage.

6. Everyone is too noisy.

   Sie sind lauter

7. Someone is not feeling well.

   Sie sind krank

8. You are speaking with someone and want to know the name of a passer-by.

9. You have just been introduced to someone.

   Es freut mich

10. You want to say good-bye to someone.

   Auf wiedersehen.

1-11 Welches Wort paßt nicht? Circle the word that does not belong.

1. was   wer   (ich)   wo
2. du   er   (gut)   wir
3. Guten Morgen! Guten Abend!   (sein)   Guten Tag!
4. (sie)   heißen   sein   kommen
5. müde   krank   (wohnen)   gut
6. nicht so gut (die Telefonnummer) schlecht   krank
7. sieben   (neun)   siebzig   siebzehn

Die weiteren Schritte

Subject pronouns

1-12 Ich, du, er, sie, es…? Write the pronoun used with each group of verbs. There may be more than one correct pronoun.

BEISPIEL: wohnt, kommt, schreibt
er, sie, es

1. wohne, komme, schreibe _ich_
2. wohnen, kommen, schreiben _Sie, wir, sie_
3. wohnt, kommt, schreibt _er, sie, es, ihr_
4. wohnst, kommst, schreibst _du_

1-13 Du, ihr oder Sie? How would you address each person?

1. Peter _du_
2. Martina und Katja _ihr_
3. Frau Schneider _Sie_
4. Professor Müller _Sie_
5. Sonja _du_

1-14 Klatsch (*gossip*). Indicate which pronoun you would use when talking about each person or group of people. If the correct pronoun is **sie**, note whether it is singular or plural.

BEISPIEL: children
sie, *pl.*

1. several people _Sie, pl_
2. mother and father _Sie, pl_
3. your male friend _er_
4. your grandmother _Sie, sing_
5. the professor (female) _Sie, sing_
6. the instructor (male) _Sie, sing_
7. Mr. and Mrs. Braun _Sie, pl_
8. a child (any child - gender unknown) _es_
9. your friends _Sie, pl_
10. your doctor (female) _Sie, sing_

The present tense

1-15 Im Zug. Several students are becoming acquainted as they share a compartment in a train. Complete their conversation by filling in the correct forms of **sein**.

KATRIN: Wer _____(1) du?

SABINE: Ich _____(2) Sabine.

INGRID: Und ich _____(3) Ingrid.

KATRIN: _____(4) ihr aus Berlin?

SABINE: Nein, wir _____(5) aus Weimar.

INGRID: Und wer _____(6) du?

KATRIN: Ich _____(7) Katrin.

SABINE: Wie alt _____(8) du, Katrin?

KATRIN: Ich _____(9) 24, und du?

INGRID: Ich _____(10) auch 24.

1-16 Neue Freunde. Eva is writing to her mother about some new friends. Complete her letter by filling in the blanks with the correct form of the verb in parentheses.

Sonja und Jim _____(1) (wohnen) jetzt in Deutschland. Sonja _____(2) (arbeiten) in

Wolfsburg; wir _____(3) (arbeiten) zusammen. Hans _____(4) (arbeiten) in

Stuttgart und ich _____ (5) (arbeiten) auch in Stuttgart. Sonja _____(6) (verstehen)

Englisch und Deutsch, Jim _____(7) (verstehen) Deutsch nicht so gut -- und ich

_____(8) (verstehen) Jim auch nicht so gut! Sie _____(9) (sein) beide (*both*) 22 Jahre alt.

Sonja _____(10) (kommen) aus Detroit, aber Jim _____(11) (kommen) aus San

Franzisko.

1-17 Aus Deutschland oder aus Amerika? Students in the dorm are getting to know each other. Fill in the correct verb endings.

GÜNTER: Du heiß_____ (1) Gaby, nicht wahr?

GABY: Ja, ich heiß_____ (2) Gaby.

GÜNTER: Und er heiß_____ (3) Peter, nicht wahr?

GABY: Nein, er heiß_____ (4) Charly. Charly komm_____ (5) aus Amerika.

GÜNTER: Aus Amerika? Wohn_____ (6) er jetzt auch hier?

GABY: Ja, er wohn_____ (7) jetzt hier in Deutschland. Und du?

GÜNTER: Ich komm_____ (8) aus Deutschland, und ich wohn_____ (9) in Deutschland.

Die letzten Schritte

1-18 Zwei Freunde in der Mensa. Two friends meet in the student cafeteria. What do they say to each other? Write their conversation.

A: _____

B: _____

A: _____

B: _____

1-19 Mein Freund/Meine Freundin. You are introducing a new friend to your parents. Tell them your friend's name, age, telephone number, etc. Begin with **Mein Freund...** or **Meine Freundin...**

_____

_____

_____

_____

1-20 Ein Studienhandbuch. The «Institut für Lernsysteme» is offering a free handbook. Look at their advertisement, then find the following infomation.

1. In which department (Abt.) is Herr Dr. Schmidt-Tiedemann?

   _____

2. The «Institut für Lernsysteme» is located on Doberaner Weg. What is the house number?

   _____

3. What is the zip code for Hamburg?

   _____

4. What is the institute's phone number?

   _____

5. What stamp is needed to send this card?

   _____

Fordern Sie Ihr **Freiexemplar** des Studienhandbuches sofort mit dieser Karte an!
Wir garantieren: Keine Kosten für Sie, keine Verpflichtung.

Wenn Sie lieber telefonieren und **persönliche Beratung** wollen: Frau König erwartet Ihren Anruf!

020/685-80-137

Sonderservice für Sie!
Montag bis Donnerstag 8-20 Uhr • Freitag 8-17 Uhr

Vorname/Name

Straße/Nr.

PLZ/Ort

Jetziger Beruf   Nur für Leser ab 18 Jahren.   Geburtsdatum

Bitte mit 0,80 DM freimachen, falls Marke zur Hand.

Antwort

ils
Institut für Lernsysteme
z.H. Herrn Dr. Schmidt-Tiedemann
Abt. 74 PC
Doberaner Weg 20
22143 Hamburg

1-21 Gespräch. Dieter and Ingrid are becoming acquainted. Read their conversation, then fill in the chart.

INGRID: Guten Abend! Wie heißt du?

DIETER: Ich heiße Dieter, und du?

INGRID: Ich heiße Ingrid. Freut mich. Kommst du aus Heidelberg?

DIETER: Nein, ich komme aus Bonn. Und woher kommst du?

INGRID: Ich komme aus New York, aber ich wohne jetzt in Heidelberg.

DIETER: So, na, ich wohne jetzt auch in Heidelberg. Wie alt bist du?

INGRID: Ich bin 18, und du?

DIETER: Ich bin auch 18.

INGRID: Ich verstehe das nicht, noch einmal bitte. Wie alt bist du?

DIETER: Ich bin auch 18.

INGRID: Tatsächlich!

DIETER: Wie ist deine Telefonnummer?

INGRID: Meine Telefonnummer ist 76 39 81. Und deine?

DIETER: Meine Telefonnummer ist 24 55 90.

INGRID: Ich arbeite hier in Heidelberg, und wo arbeitest du, auch in Heidelberg?

DIETER: Nein, ich arbeite in Stuttgart.

INGRID: Also, tschüs.

DIETER: Tschüs.

	DIETER	INGRID
1. kommt aus…		
2. wohnt in…		
3. wie alt?		
4. arbeitet in…		
5. Telefonnummer?		

Kapitel 2: Meine Familie und meine Freunde

Die ersten Schritte

2-1 Berufe. For each letter below, write the name of a profession. List both the masculine and feminine forms.

A _____   A _____
F _____   F _____
I _____   I _____
K _____   K _____
L _____   L _____
P _____   P _____
R _____   R _____
S _____   S _____
V _____   V _____

Do you know more? Write them down.

_____

_____

2-2 Welches Wort paßt nicht? Circle the word that does not belong.

1. das Amerika	das Deutschland	der Ingenieur
2. die Lehrerin	der Soldat	die Professorin
3. der Student	der Fabrikarbeiter	das Bild
4. heißen	du	machen
5. spielen	singen	schön
6. das Amerika	das Deutschland	das Österreich
7. ledig	sein	verheiratet
8. er	mein	dein
9. die Freundin	die Tante	der Onkel
10. das Tennis	der Vater	die Karten
11. besuchen	verkaufen	klein
12. groß	die Kreide	warm
13. die Frau	die Tante	der Rechtsanwalt
14. unser	wir	euer
15. das Wetter	tanzen	wandern

2-3 Familienmitglieder. Write who these people are.

1. Mutters Mutter ist die _____

2. Großmutters Mann ist der _____

3. Vaters Frau ist die _____

4. Onkels Frau ist die _____

5. Tantes Mann ist der _____

6. Tantes Tochter ist die _____

7. Onkels Sohn ist der _____

8. Onkels Vater ist der _____

9. Tantes Sohn ist der _____

10. Vaters Mutter ist die _____

2-4 Woher kommen sie? Write the names of the countries from which these people come. Use complete sentences.

BEISPIEL: Hans ist Berliner. Woher kommt er?
             Er kommt aus Deutschland.

1. Carmen wohnt in Madrid. Woher kommt sie?

_____

2. Anne spielt Tennis in Manhattan. Woher kommt sie?

_____

3. Charles wohnt in London. Woher kommt er?

_____

4. Heidi wohnt in Vaduz. Woher kommt sie?

_____

5. Franz arbeitet in Wien. Woher kommt er?

_____

6. Pierre singt in Paris. Woher kommt er?

_____

7. Pietro schwimmt in Rom. Woher kommt er?

_____

2-5 Mein Klassenzimmer. What items are in your classroom? How many are there of each? List them. Spell out the numbers and use complete sentences.

BEISPIEL: Da sind fünf Tische.
Da ist/sind…

1. _____

2. _____

3. _____

4. _____

5. _____

Die weiteren Schritte

Nouns

2-6 Plural. Write the plural of the following words.

1. das Fenster _____

2. die Freundin _____

3. der Stuhl _____

4. der Tisch _____

5. der Partner _____

6. das Papier _____

7. das Buch _____

8. das Bild _____

9. der Vetter _____

10. die Großmutter _____

11. die Tafel _____

12. der Onkel _____

2-7 Singular. Write the singular of the following words.

1. die Amerikanerinnen _____

2. die Mütter _____

3. die Töchter _____

4. die Söhne _____

5. die Soldaten _____

6. die Väter _____

7. die Großväter _____

8. die Kusinen _____

9. die Tische _____

10. die Bleistifte _____

11. die Landkarten _____

12. die Wände _____

2-8 Neue Substantive. Write ten nouns that have to do with your family. Give their definite articles and plurals.

1. _____

2. _____

3. _____

4. _____

5. _____

6. _____

7. _____

8. _____

9. _____

10. _____

The nominative case

2-9 Substantive und Pronomen. In the following sentences, replace the subject with a pronoun.

1. Heute kommt José aus Spanien.

   Er kommt aus Spanien heute. _____

2. Wie heißt die Studentin?

   _____

3. Die Landkarte ist groß.

   _____

4. Der Kugelschreiber ist gut.

   _____

5. Das Wetter ist warm.

   _____

6. Das Bild ist schön.

   _____

7. Die Schreibtische sind alt.

   _____

8. Ist der Stuhl klein?

   _____

2-10 Artikel. Complete the following sentences in two ways, using definite and indefinite articles.

BEISPIEL:　Wo ist ____ Buch?
　　　　　　　Wo ist das/ein Buch?

1. Wo ist _____ Heft?
2. Wo ist _____ Tafel?
3. Wo ist _____ Großmutter?
4. Wie ist _____ Schreibtisch?
5. Wo ist _____ Computerprogrammierer?

2-11 Fragen und Antworten. Your young cousin has asked you what everyone's relatives do. Answer his questions, using the cues.

BEISPIEL: (my) Schwester, Ingenieurin
          Meine Schwester ist Ingenieurin.

1. (*his*) Tochter, Fabrikarbeiterin

   _____

2. (*our*) Tante, Rechtsanwältin

   _____

3. (*her*) Sohn, Sekretär

   _____

4. (*their*) Kinder, Soldaten

   _____

5. (*your*, fam. sg.) Großvater, Verkäufer

   _____

6. (*your*, fam. pl.) Großmutter, Lehrerin

   _____

7. (*my*) Onkel, Kellner

   _____

Word order

2-12 Wer ist das? Negate the following sentences. Use **kein** in the answer.

BEISPIEL: Ist das eine Verkäuferin?
          Nein, das ist **keine** Verkäuferin.

1. Ist das ein Amerikaner?

   _____

2. Ist das ein Familienmitglied?

   _____

3. Ist das ein Kellner?

   _____

4. Ist das eine Ärztin?

   _____

5. Ist das eine Sekretärin?

   _____

2-13 Stimmt das? Negate the following sentences, using **nicht**.

BEISPIEL: Klaus tanzt gern.
Nein, Klaus tanzt nicht gern.

1. Der Mann ist mein Vater.

   _____

2. Er arbeitet morgen.

   _____

3. Sein Bruder wohnt in Tübingen.

   _____

4. Ihre Großmutter ist alt.

   _____

5. Die Leute sind hier.

   _____

6. Ihre Tante ist Deutsche.

   _____

7. Ich verstehe das.

   _____

8. Sein Großvater ist Amerikaner.

   _____

9. Ihr Bruder kommt aus Baden-Baden.

   _____

10. Er kommt morgen.

   _____

2-14 Kein oder nicht. Answer the following sentences in the negative, using **kein** or **nicht**.

BEISPIELE: Ist das ein Bleistift?
Nein, das ist kein Bleistift.

Ist das der Vater?
Nein, das ist nicht der Vater.

1. Ist das ein Stuhl?

   Nein, _____

2. Spielst du gern Tennis?

   Nein, _____

3. Ist das deine Mutter?

Nein, _____

4. Kommt dein Vater?

Nein, _____

5. Wohnt er in Italien?

Nein, _____

6. Ist das ein Lehrer?

Nein, _____

7. Ist das Bild schön?

Nein, _____

8. Heißt du Ingrid?

Nein, _____

9. Sind das Verkäufer?

Nein, _____

10. Sind das deine Kusinen?

Nein, _____

11. Studiert dein Freund?

Nein, _____

12. Ist das ein Klassenzimmer?

Nein, _____

Proper names showing possession

2-15 Wer ist wer? Answer each question negatively, using the cues provided.

BEISPIEL: Ist das Helmuts Mutter? (nein, Peter)
              Nein, das ist Peters Mutter.

1. Ist Helmuts Bruder Professor? (nein, Dieter)

_____

2. Wohnen Anitas Schwestern hier? (nein, Birgit)

_____

3. Ist Dieters Frau Ärztin? (nein, Hans)

_____

4. Arbeitet Herr Brauns Freund heute? (nein, Frau Meyer)

_____

Die letzten Schritte

2-16 Silhouette. Describe the family shown below. Use your imagination.

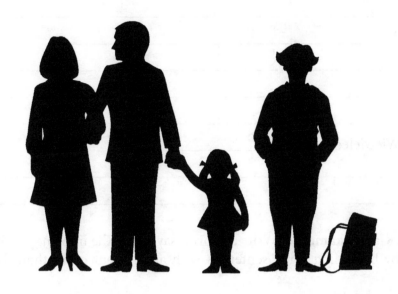

_____

_____

_____

2-17 Familienmitglieder. Choose five members of your family. Explain their relationship to you, and tell at least one activity that person enjoys or does well. Use complete sentences.

BEISPIEL: Anna ist meine Großmutter. Sie spielt gern Karten.

1. _____

   _____

2. _____

   _____

3. _____

   _____

4. _____

   _____

5. _____

   _____

2-18 Interview. Interview a classmate; jot down the answers you receive.

1. Wie heißt du? _____

2. Wo wohnst du? _____

3. Kochst du gut? _____

4. Bist du Amerikaner/Amerikanerin? _____

5. Wie heißen deine Eltern? _____

6. Wo wohnen deine Eltern? _____

7. Was sind deine Eltern von Beruf? _____

8. Hast du Brüder oder Schwestern? Wie viele? _____

9. Was machst du gern? _____

10. Was machen deine Eltern gern? _____

2-19 Meine Klassenkameradin/Mein Klassenkamerad. Write a short essay, using the information in Activity 2-18. Vary your word order by beginning some sentences with an element other than the subject (inverted word order).

_____

_____

_____

_____

_____

_____

_____

_____

_____

_____

Die ersten Schritte

3-1 Was ist richtig? Match the questions with the correct answers.

_____	1. Macht Lisa Hausaufgaben?	a. Nein, sie ist sehr schön.
_____	2. Heißt dieser Junge Peter?	b. Ja, er ist braun.
_____	3. Ist die Wohnung häßlich?	c. Aber nein, grün ist eine Farbe.
_____	4. Kocht der Onkel?	d. Ja, es ist neu.
_____	5. Hast du einen Freund?	e. Nein, ich habe keinen Freund.
_____	6. Hat die Zeitung auch Bilder?	f. Nein, sie wohnen in Bern.
_____	7. Wohnen deine Eltern in Zürich?	g. Ja, er kocht Sauerkraut für die Familie.
_____	8. Ist grün eine Schreibmaschine?	h. Nein, aber ich habe eine Schreibmaschine.
_____	9. Siehst du das Radio?	i. Nein, sie liest die Zeitung.
_____	10. Mußt du einen Kühlschrank kaufen?	j. Ja, der Junge heißt Peter Spielberg.
_____	11. Haben Sie einen Computer?	k. Ja, sie sind schwarz und weiß.
_____	12. Sehen Sie einen Papierkorb?	l. Nein, ich brauche keinen Kühlschrank.

3-2 Möbel. Complete the sentences with words from the list below.

ein Radio	eine Lampe
einen Kühlschrank	einen Fernseher
einen Sessel	ein Telefon
einen Spiegel	eine Decke

1. Ich höre gern Musik. Ich möchte _____ _____ haben.

2. Es ist sehr dunkel (*dark*); wir brauchen _____ _____.

3. Wir trinken gern Milch und essen gern Eis (*ice cream*); wir brauchen _____ _____.

4. Im Wohnzimmer (*living room*) haben wir einen Tisch und _____ _____.

5. Wir wollen einen Film sehen und möchten _____ _____ haben.

6. Es ist kalt, ich brauche _____ _____.

3-3 Welches Wort paßt? Organize the words below into groups of three so that they are related. Explain your reason.

alt	Dusche	gelb	lernen	Papierkorb
Bett	fleißig	grün	neu	purpur
nett	gegen	Kreide	oft	Sessel
durch	Spiegel	Tafel	Toilette	trinken
tun	um	Waschbecken	freundlich	

BEISPIEL: blau, rot, schwarz - all colors

REASON

_____ _____ _____ _____

_____ _____ _____ _____

_____ _____ _____ _____

_____ _____ _____ _____

_____ _____ _____ _____

_____ _____ _____ _____

_____ _____ _____ _____

3-4 Meine Freunde und ich. Write a logical word in each blank.

Ich _____ ein Studentenzimmer. Es gibt da _____ Bett, eine

_____ und _____ Stühle. Mein Tisch ist _____

und _____. Meine Freunde und _____ lernen und

_____ Hausaufgaben. Meine _____ wohnen in der Stadt und ich

_____ sie oft.

3-5 Wie heißen die Wörter? Unscramble the following words. The first letters read vertically will spell "Schreibmaschine." Be sure to capitalize the nouns.

1. ceehnprs _____

2. cchou _____

3. ächhilß _____

4. rto _____

5. se _____

6. chi _____

7. ablu _____

8. cehötmn _____

9. outa _____

10. achsrzw _____

11. eoucmptr _____

12. acdhhntu _____

13. mmrei _____

14. aeebnnn _____

15. nssee _____

3-6 Gegenteile. What is the opposite of…

1. jung _____

2. der Mann _____

3. ja _____

4. ein _____

5. die Freundin _____

6. freundlich _____

7. alt _____

8. sie _____

9. richtig _____

10. langsam _____

11. billig _____

12. die Schwester _____

13. schön _____

14. traurig _____

Die weiteren Schritte

The verb *haben*

3-7 Eine Verbrauchergesellschaft (*consumer society*). Write complete sentences, using the following cues.

BEISPIEL: ich / haben / ein- Computer
Ich habe einen Computer.

1. ihr/haben/kein- Dusche

_____

2. du/haben/ein- Zimmer

_____

3. wir/haben/ein- Toilette

_____

4. sie, *pl.*/haben/kein- CD-Spieler

_____

5. ich/haben/kein- Auto

_____

6. er/haben/ein- Schrank

_____

7. sie, *sg.*/haben/kein- Wohnung

_____

8. ich/haben/ein- Stereo

_____

The accusative case

3-8 Auf deutsch. Write the following sentences in German.

1. The student has a picture.

_____

2. The professors use the bookcases.

_____

3. My brother has a television set.

_____

4. His sister wants the lamp.

_____

5. His cousin (masc.) has a telephone and a mirror.

_____

6. We would like to have a toilet and a sink.

_____

7. We need the room.

_____

8. We have three doors and seven windows.

_____

3-9 Wer hat was? Several students are furnishing their rooms, and things are still in a state of confusion. Complete the sentences, using the cues in parentheses.

1. Anja möchte _____ _____. (*your* [fam. pl.] *bookcase*)

2. Susanne hat _____ _____. (*your* [fam. sg.] *computer*)

3. Christine braucht _____ _____. (*her blanket*)

4. Antje benutzt _____ _____. (*my easy chair*)

5. Martin möchte _____ _____. (*his furniture*)

6. Elke und Hanna brauchen _____ _____. (*their stereo*)

7. Ich möchte _____ _____ . (*no typewriter*)

8. Kerstin und Heike haben _____ _____. (*no room*)

9. Die Studenten möchten _____ _____. (*their towels*)

10. Wir suchen _____ _____. (*our coffeemaker*)

3-10 Wer braucht wen? Write the following sentences in German.

1. I need you (sg. fam.). _____

2. You (sg. fam.) need him. _____

3. He needs me. _____

4. We need them. _____

5. We need you (fam. pl.). _____

6. We need you (formal). _____

7. They need us. _____

8. She needs her. _____

9. Whom do you (fam. sg.) need? _____

3-11 Pronomen. Replace the direct object in parentheses with a pronoun.

1. Wir brauchen _____ am Montag. (die Couch)

2. Er sieht _____ immer. (das Bild)

3. Ich finde _____ manchmal gut. (das Bad)

4. Ich lese _____ oft. (die Zeitung)

5. Sie benutzt _____ nebenan. (der Computer)

6. Ihr habt _____ immer. (das Auto)

7. Hier gibt es _____. (der CD-Spieler)

NOTE: It is easy to remember the accusative prepositions if you sing them to the tune of the song "Twinkle, twinkle, litte star."

> Durch, für, gegen, ohne, um
>
> durch, für, gegen, ohne, um.

3-12 Präpositionen. Fill in the correct preposition. In some cases more than one preposition may be correct.

1. Meine Mutter hat nichts _____ meinen Freund.

2. Ich möchte ein Radio _____ meine Mutter.

3. Er hat ein Zimmer _____ die Studenten.

4. Wir fahren _____ die Stadt.

5. Er lernt _____ Bücher.

6. Sie ist _____ ihren Freund hier.

7. Der Junge läuft _____ das Haus.

8. Kann er das Buch _____ eine Lampe lesen?

9. _____ einen Computer habe ich nichts.

10. In Ulm, und _____ Ulm, und _____ Ulm herum. (*This is a tongue twister.*)

11. Das Auto fährt _____ das Haus.

12. Ich sehe _____ das Fenster.

13. Sie kocht Kaffee _____ eine Kaffeemaschine.

14. Er braucht etwas _____ seinen Sohn.

Modal verbs and the verb form *möchte*

3-13 Lücken. Fill in the missing verb forms.

	KÖNNEN	MÜSSEN	WOLLEN	MÖCHTEN
ich	kann	_____	_____	möchte
du	_____	mußt	_____	_____
er/sie/es	_____	_____	will	_____
wir	können	_____	_____	möchten
ihr	_____	_____	wollt	_____
sie/Sie	_____	müssen	_____	_____

3-14 Wie heißt das richtige Wort? Fill in the correct form of the word in parentheses.

1. Er _____ das Auto haben. (*wants*)

2. Ich _____ das Telefon benutzen. (*would like to*)

3. Karin _____ Tennis spielen. (*can*)

4. Daniel _____ einen Computer kaufen. (*has to*)

5. Katja und Eva _____ Monopoly spielen. (*would like to*)

6. Philipp _____ die Zeitung lesen. (*can*)

7. Sie (pl.) _____ den Papierkorb finden. (*have to*)

8. Die Familienmitglieder _____ einen Kühlschrank kaufen. (*want to*)

9. Das Zimmer _____ blau sein. (*can*)

Verbs with stem-vowel changes

3-15 Fragen und Antworten. Complete the conversations, using the cued verbs.

A: _____ deine Mutter gern Pizza? (essen)

B: Nein, aber meine zwei Brüder _____ Pizza gern.

C: Wer _____ die Zeitung? (lesen)

D: Die _____ ich.

E: _____ sie (sg.) gern Auto? (fahren)

F: Nein, aber ich _____ gern Auto.

G: Wessen Bücher _____ er? (nehmen)

H: Ich weiß nicht, aber Sie _____ meine Bücher!

I: _____ der Professor laut? (sprechen)

J: Nein, aber ihr _____ sehr laut!

Die letzten Schritte

3-16 Zimmer vergleichen. Christoph and Dieter, two students, are comparing their rooms. Read their conversation, then complete the following chart.

CHRISTOPH: Du, Dieter, wie ist dein Zimmer? Schön? Groß? Klein?

DIETER: Ja, Christoph, mein Zimmer ist sehr schön und groß. Die Wände sind neu und weiß. Und dein Zimmer?

CHRISTOPH: Mein Zimmer ist alt und sehr klein. Die Wände sind alle gelb. Ich habe nur ein Bett, einen Schreibtisch, einen Schrank und zwei Stühle.

DIETER: Ich habe auch einen Schreibtisch und einen Schrank, aber es gibt auch ein Bett, einen Tisch, vier Stühle und einen Sessel.

CHRISTOPH: Ach ja, ich habe auch einen Tisch, einen Sessel, eine Lampe und ein Stereo.

DIETER: Ist dein Zimmer teuer?

CHRISTOPH: Nein, es ist nicht teuer, es ist billig.

DIETER: Mein Zimmer ist teuer.

CHRISTOPH: Ach so. Ich möchte es gern sehen, aber jetzt muß ich gehen. Na, dann, bis bald.

DIETER: Tschüs.

	GRÖßE (SIZE)	FARBE	TEUER?
DIETERS ZIMMER			
CHRISTOPHS ZIMMER			

Dieters Möbel: _____

_____

Christophs Möbel: _____

_____

3-17 Mein Zimmer.
Make a drawing of
your room, then label
the furniture.

3-18 Ich möchte… Now write a short paragraph about your room. Describe what you have or don't have and mention a few things that you still need or would like. Use your drawing as a guide.

BEISPIEL: Mein [Bett] ist [alt] und [braun]. Ich habe kein…. Ich brauche… und ich möchte auch….

_____

_____

_____

_____

_____

_____

_____

3-19 Zeitungsannoncen. Read the following newspaper ads of furniture for sale. Don't be concerned if you don't understand every word. Find and list six items that you would like to buy.

Möbel

Zweisitzercouch, mod., Design, mint/schw., m. Chromfüssen, B. 1,75/H. 87 T. 86 u. Sessel., B 90/H. 85 T. 86, zus. 350,-; Tel. 040/45 81 76.

Guterh. Fernsehschrank, mass. Eiche rustikal, Farbe B 43, m. Videoteil ohne Rückwand, H 1,26/B 1 m/T 0,60, VB 600,-; Tel. 200 43 97.

Spiegelschrank, dunkelrot, 5 Türen, 350,-, franz. Bett m. Bettkasten, Matratze, 150,-; Tel. 544 067.

Tisch, 250x90, klassisch - High Tech, Platte: 30er Jahre. Beine: Stahl, roh ø 100 mm, VB 1.700,-; Tel. 220 45 85 abends.

Damen-Schreibtisch, Nußbaum, VB 600,-; Tel. 239 74 50.

Sofa-Klassiker, Eileen Gray, grau/schwarz, DM 1.800,-; Tel. 040/45 73 34, FAX: 040/45 76 78.

Eßtisch, rund, ø 90 cm., ausziehbar, m. 4 pass. Stühlen, Stck.-NP 1200,-, zusammen mit Tisch 500,-; Tel. 86 23 50.

Kleiderschrank, weiß, mit 2 Spiegeltüren, B 1,00, H 2,00, T 0,60 m, neu DM 220,-; 2 Bücherregale, weiß, B 0,70, H 1,75, T 0,25 m, je DM 60,-; 2 Tischlampen, Fuß goldenes Glas; günstig abzugeben; Tel. 040/81 76 34.

Seniorenbett, 2x1 m., Eiche hell, Taschenfederkern-Matratze, Nachttisch, pass. Stuhl, 10 Mon. alt, NP 2.500,-, jetzt 1.300,-; Tel. 846 83 50.

1. _____   4. _____

2. _____   5. _____

3. _____   6. _____

3-20 Meine Eltern. Describe your mother and father in four sentences each. (If you prefer, you may choose a different family member. **Mein Großvater ist…**, **meine Tante ist…**)

Mein Vater ist…

_____

_____

_____

_____

Meine Mutter ist…

_____

_____

_____

_____

Die ersten Schritte

4-1 Lange (*long*) **Wörter.** Divide the items below into words. Capitalize when necessary.

1. Meinefreundinheißtpetra.

   _____

2. Sieiststudentininköln.

   _____

3. Petraläuftgernski.

   _____

4. Morgenarbeitetsieanderuniversität.

   _____

5. Sietanztgernamwochenende.

   _____

6. Imjulibesuchtsiemanchmalihregroßeltern.

   _____

   _____

7. Petraselternwohneninhamburg.

   _____

8. Dortwohnenauchihreschwesterundihrezweibrüder.

   _____

   _____

9. Petrasmutteristrechtsanwältin.

   _____

10. Diesenherbstfährtpetrasfamilienachamerika.

    _____

    _____

4-2 Ein Gedicht (*poem*). Read the following poem and answer the questions.

Die Jahreszeiten

Es gibt eine Mutter,
und sie hat vier Kinder,
den Frühling, den Sommer,
den Herbst und den Winter.
Der Frühling hat Blumen,°   °*flowers*
der Sommer hat Klee,°   °*clover*
der Herbst hat die Trauben,°   °*grapes*
der Winter hat Schnee.

1. Wie viele Kinder hat die Mutter? _____

2. Was hat der Frühling? _____

3. Was hat der Winter? _____

4. Was hat der Sommer? _____

5. Was hat der Herbst? _____

4-3 Lange Monate. Write the names of the months that have thirty-one days.

_____

_____

4-4 Sprichwort. In English, give a short explanation of the meaning of this proverb.

Wie du mir, so ich dir.

_____

4-5 Welches Wort paßt nicht? Circle the word that does not belong.

1. der Badeanzug	die Kamera	die Badehose
2. der Schnee	der Ball	der Schlittschuh
3. der Stuhl	das Bild	die Sonne
4. die Arbeit	die Freundin	die Schule
5. schön	machen	regnen
6. klug	interessant	sehen
7. der Rechtsanwalt	der Arzt	der Tisch
8. die Studentin	der Kellner	die Lehrerin
9. April	Sommer	Winter
10. Monate	Jahreszeiten	Schnee
11. fotografieren	Freitag	antworten
12. deine	mir	seine
13. uns	du	ich
14. aus	durch	mit
15. der CD-Spieler	der Papierkorb	das Radio

4-6 Silbenrätsel (*syllable-puzzle*). Use the following syllables to make words.

BEISPIEL: **CLUE:** Herbstmonat
            ber sep tem = September

ar - ba - bahn - de - ger - groß - ho - ja - mitt - nis - nu - ö
reich - schlä - se - ßen - ster - stra -tan - te - ten - ter - ter - va - win - woch

1. Man braucht sie im Urlaub. _____

2. Wintermonat _____

3. Wochentag _____

4. Jahreszeit _____

5. Verkehrsmittel _____

6. Man braucht ihn zum Tennisspielen. _____

7. Vaters Schwester _____

8. Vaters Vater _____

9. Land in Europa _____

4-7 Was ist richtig? Choose the most appropriate word to complete the following sentences.

1. Ich habe Geburtstag. Meine Eltern _____ mir eine Kamera.

   a. schenken   b. schmecken   c. danken

2. Das ist mein Fahrrad. Es _____ mir!

   a. gibt   b. geht   c. gehört

3. Es ist kalt; vielleicht _____ es bald.

   a. schneit   b. scheint   c. schläft

4. Das Mädchen läuft _____ dem Haus.

   a. aus   b. außer   c. auch

5. Sie ist sehr sportlich (*athletic*). Sie _____ oft.

   a. folgt   b. turnt   c. glaubt

6. Ich gehe heute in _____, denn ich brauche ein Buch.

   a. die Vorlesung   b. das Viertel   c. die Bibliothek

7. Meine Tante _____ am Sonntag die Zeitung.

   a. leiht   b. liest   c. bleibt

8. Wann hast du _____?

   a. Geburtstag   b. Geschenk   c. Gewitter

4-8 Das Wetter. Using the following cues, write how the weather is in your area. Write complete sentences.

1. im Frühling

_____

2. im Winter

_____

3. kalt im Januar

_____

4. warm im Sommer und im Herbst

_____

5. Regen im Juli

_____

6. Schnee im August

_____

7. Wie ist das Wetter heute?

_____

8. Wie war es gestern?

_____

Die weiteren Schritte

The dative case

4-9 Geschenke. Write who gives what to whom. Use the cues given.

BEISPIEL: Anna / die Oma / eine Kassette
              Anna gibt der Oma eine Kassette.

1. Inge / der Onkel / eine Kamera

_____

2. Peter / die Eltern / ein Telefon

_____

3. ich / die Studentin / ihr Heft

_____

4. wir / die Neffen / ein Radio

_____

5. der Lehrer / die Studentin / viel Arbeit

_____

6. sie (sg.) / der Kellner / das Geld (*money*)

_____

7. meine Mutter / das Kind / seinen Ball

_____

8. die Jungen / die Tante / ihre Zeitung

_____

4-10 Pronomen für Substantive. Using the cues in parentheses, complete the following sentences. Then rewrite the sentences, using pronouns for all nouns.

1. Morgen kaufe ich _____ _____ das Fahrrad. (mein Vater)

_____

2. Peter schenkt _____ _____ einen Computer. (seine Eltern)

_____

3. Wir schreiben _____ _____ einen Brief. (unsere Tante)

_____

4. Ingrid gibt_____ _____ eine Landkarte. (ihre Mutter)

_____

5. Die Kinder schenken _____ _____ ein Poster. (die Großmutter)

4-11 Geburtstag. It is Margit's birthday party. Fill in the correct endings as needed.

1. Klaus gibt sein____ Schwester ein____ Geschenk.
2. Margit dankt Klaus für d____ Geschenke.
3. Mutter schenkt ihrer Tochter ein____ Uhr.
4. Margit dankt ihr____ Mutter.
5. Peter schenkt sein____ Freundin Margit ein____ Tennisschläger.
6. Die Großeltern helfen ihr____ Enkeltochter bei d____ Party.

NOTE: Do you know the tune to "The Blue Danube"? You can sing the dative prepositions to that tune:

   aus - außer - bei - mit - nach - seit - von - zu

4-12 Dativpronomen. Insert the correct pronoun into the following sentences.

1. Wo ist meine Schwester? Ich will _____ danken.

   a. ihr   b. sie   c. ihm

2. Wo wohnt dein Bruder? Wir geben _____ ein Buch.

   a. er   b. ihm   c. ihn

3. Wie heißt der Student? Er schenkt _____ eine Kassette.

   a. wir   b. uns   c. unser

4. Das war schön. Ich danke _____.

   a. Sie   b. Ihnen   c. es

5. Mir geht es gut. Wie geht es _____?

   a. dir   b. dein   c. du

6. Das Haus ist groß. Es gefällt _____.

   a. ich   b. mir   c. mein

7. Habt ihr viel Arbeit? Ich kann _____ helfen.

   a. ihr   b. Ihnen   c. euch

4-13 Eine Reise (*A trip*). Insert the appropriate dative prepositions into the following paragraph.

Ingrid kommt ____ dem Zug _____ Wien in Österreich. _____ ihr sind noch vier Personen im Zug. Sie fahren alle _____ München. Dort wartet Ingrids Tante schon ___ einer Stunde. Jetzt kommen sie ____ München. Morgen fahren sie ____ Ingrids Großmutter _____ Frankfurt.

4-14 Präpositionen. Complete the sentences with either dative or accusative prepositions and with endings for the definite article. Many sentences have several correct answers.

1. Er läuft _____ d_____ Haus.
2. Kommen Sie _____ Deutschland oder _____ Amerika?
3. Er geht _____ sein _____ Freundin Karin.
4. Ich habe nichts _____ d_____ Mädchen.
5. Geht sie _____ ihr _____ Freundin _____ ihr _____ Eltern?
6. Wohnt er _____ sein _____ Eltern?
7. Ich laufe _____ d_____ Haus _____ Bus.
8. Wir fahren _____ Österreich.
9. Kann er das _____ d_____ Schreibmaschine machen?
10. Er läuft jeden Tag _____ d_____ Park.

Time expressions

4-15 Uhrzeiten. State the times in at least two ways.

1. 8.45 Uhr _____

_____

2. 21.00 Uhr _____

_____

3. 11.23 Uhr _____

_____

4. 20.10 Uhr _____

_____

5. 1.10 Uhr _____

_____

6. 10.15 Uhr _____

_____

7. 8.30 Uhr _____

_____

8. 13.35 Uhr _____

_____

9. 11.15 Uhr _____

_____

10. 12.00 Uhr _____

_____

Coordinating conjunctions

4-16 *Und, aber, oder, sondern, denn.* Join the following pairs of sentences with a coordinating conjunction.

1. Im Sommer brauche ich einen Badeanzug. Im Winter brauche ich Schlittschuhe.

_____

_____

2. Heute ist das Wetter schön. Morgen soll es regnen.

_____

3. Im Juli schneit es nicht. Im Juli ist es heiß.

_____

4. War es gestern kalt? War es gestern warm?

_____

5. Im März regnet es viel. Im Oktober regnet es auch viel.

_____

_____

6. Schlittschuh laufen macht mir keinen Spaß. Musik höre ich gern.

_____

_____

7. Ich gehe jetzt zur Uni. Heute ist Montag.

_____

The simple past of *sein*

4-17 Urlaub. Complete the following conversation by filling in the blanks with the correct form of the past tense of **sein**.

JULIA: Christina, wo _____ (1) du im Urlaub?

CHRISTINA: Ich _____ (2) in Deutschland.

JULIA: In Deutschland? _____ (3) du da mit deinen Eltern?

CHRISTINA: Nein, mit meinen zwei Freundinnen. Wir _____ (4) in München, in Berlin und in Hamburg.

JULIA: Wie _____ (5) das Wetter?

CHRISTINA: In München _____ (6) es sehr warm, aber in Hamburg und Berlin _____ (7) es kühl, aber nicht kalt.

Die letzten Schritte

4-18 Abfahrt (*Departure*). Consult the following train schedule and write down at what time the trains depart to the various cities. Write out the time(s) in words.

BEISPIEL: …von Karlsruhe nach Mannheim?
Um zwanzig Uhr zwei und um zwanzig Uhr fünf.

19.48 Karlsruhe Hbf

IC	19.56	«Mark Brandenburg» Offenburg 20.28 Freiburg (Brsg) Hbf 20.59 Basel Bad Bf 21.36 Basel SBB 21.43
	20.02	«Matterhorn» Mannheim Hbf 20.27 Mainz Hbf 21.16 Koblenz Hbf 22.05 Bonn Hbf 22.37 Köln Hbf 22.59 Düsseldorf Hbf 23.31 Duisburg Hbf 23.44 Essen Hbf 23.57 Bochum Hbf 0.08 Dortmund Hbf 0.20
▲	20.03	✗ außer ⑥, nicht 10.VI., 1. XI., 24., 31. XII., 6. I.- Leopoldshafen 20.36 Hochstetten 20.47
	20.05	Graben-Neudorf 20.22 Hockenheim 20.39 Schwetzingen 20.47, weiter in Richtung Mannheim Hbf
E	20.08	Rastatt 20.20 Baden-Baden 20.26 Bühl (Baden) 20.35 Achern 20.42 Appenweier 20.53
D	20.09	Bruchsal 20.22 Heidelberg Hbf 20.42 Darmstadt Hbf 21.24 Frankfurt (Main) Hbf 21.54 Offenbach(Main) Hbf 22.24 Hanau Hbf 22.34 Fulda 23.28 Bad Hersfeld 23.57 Bebra 0.08 Eisenach 1.04 Gotha 1.30 Erfurt Hbf 1.55 Weimar 2.24 Naumburg (Salle) Hbf 2.53 Leipzig Hbf 3.33 Riesa 4.25 Dresden-Neustadt 5.03 Dresden Hbf 5.11
	20.14	✗ außer ⑥, nicht 10. VI., 1. XI., 24., 31. XII., 6. I. in Richtung Rastatt über Muggensturm
E	20.18	-täglich außer ⑥, nicht 24., 31. XII., auch 25. XII., 1, 1.- Bretten Bf 20.39
▲	20.19	Ettlingen Stadt 20.34 Bad Herrenalb 20.56
▲	20.23	Leopoldshafen 20.56
RSB	20.26	-täglich außer ⑥, nicht 24., 31. XII., auch 25. XII., 1. I.- Karlsruhe-Mühlburg 20-31 Würth (Rhein) 20.37 Kandel 20.44 Winden (Pfalz) 20.50 Landau (Pfalz) Hbf 20.59, weiter in Richtung Neustadt (Weinstr) Hbf
	20.26	✗ außer ⑥, nicht 10. VI., 1. XI., 24., 31. XII., 6. I. - Bruchsal 20.46

▲ = ab Bahnhofsvorplatz

---

1. … von Karlsruhe nach Ettlingen?

   _____

2. … von Karlsruhe nach Rastatt?

   _____

3. … von Karlsruhe nach Bruchsal?

   _____

4. … von Karlsruhe nach Leopoldshafen?

   _____

5. … von Karlsruhe nach Graben-Neudorf?

   _____

4-19 Telefonkonversation. Read the telephone conversation and answer the following questions.

ALEXANDER: Tag, David. Wie geht's denn?

DAVID: Ach, ganz gut. Und dir?

ALEXANDER: Auch gut. Sag mal, hast du nicht im März Geburtstag?

DAVID: Nein, im Februar.

ALEXANDER: Das ist ja bald, nicht wahr?

DAVID: Ja, stimmt.

ALEXANDER: Was machst du denn an deinem Geburtstag?

DAVID: Da kommen immer Freunde und Bekannte, auch meine Familie.

ALEXANDER: Und was schenkt dir deine Familie zum Geburtstag?

DAVID: Ich möchte gern eine Kamera.

ALEXANDER: Na, vielleicht schenkt dir deine Mutter eine Kamera.

DAVID: Ja, vielleicht, oder mein Vater.

ALEXANDER: Na, ja. Herzlichen Glückwunsch zum Geburtstag.

DAVID: Danke.

Fragen:

1. Wann hat David Geburtstag?

_____

2. Was macht David an seinem Geburtstag?

_____

3. Was möchte er zum Geburtstag?

_____

4-20 Ein Tagesplan. Frau Hebig has written out her daily schedule. Read it carefully.

Montag, den 1. Juni

6.00	aufstehen
7.00	Frühstück essen
8.30	zur Arbeit fahren
9-12.00	Arbeit
12.00	mit Karin essen
13.00	zurück zur Arbeit
bis 15.00	Telefonate
17.00	nach Hause, unterwegs einkaufen
18.30	Abendessen
20.00 - 21.30	mit Kindern Hausaufgaben machen
21.30 - 22.30	fernsehen, Zeitung lesen, Briefe schreiben
23.00	ins Bett gehen

Now write your own schedule, using Frau Hebig's as a model.

_____

_____

_____

_____

_____

_____

_____

4-21 Meine Woche. Based on your schedule from Activity 4-20, write a short paragraph about your daily activities. Include phrases like **jeden Tag**, **am Wochenende**, etc. Use coordinting conjunctions to create longer sentences.

_____

_____

_____

_____

_____

_____

_____

_____

Kapitel 5: Wie und wo wohnen wir?

Die ersten Schritte

5-1 Neue Wörter? Try to guess the meaning of the following compound words.

BEISPIEL: der Wohnzimmertisch
                   living room table

1. die Küchenheizung _____

2. das Schlafzimmerfenster _____

3. die Teppichfarbe _____

4. das Wochenendhaus _____

5. die Kinderzimmermöbel _____

6. der Wohnzimmerbalkon _____

7. der Musikschrank _____

8. der Küchenstuhl _____

9. die Wohnungssuche _____

10. die Studentenwohnheimwohnzimmerfarbe

_____

5-2 Auf deutsch. Give the German equivalent. The first letters of these words make a new word.

1. area _____

2. dining room _____

3. wardrobe, closet _____

4. computer programmer _____

5. to be called _____

6. I _____

7. red _____

8. quiet _____

9. mirror _____

10. wastebasket _____

11. to agree _____

12. single, unmarried _____

13. to eat _____

14. to rain _____

New word: _____

5-3 Das neue Zimmer. Students are moving into a dorm. Add an appropriate verb to the following sentences. Use the present tense.

anhören   einziehen   kennenlernen   aussuchen
einrichten   übereinstimmen   ausprobieren   fernsehen
zurückkommen

1. Wir _____ um 8 Uhr aus Leipzig _____.

2. Wir _____ in das Studentenwohnheim _____.

3. Wir _____ das Sofa _____.

4. Wie _____ wir unsere Küche _____?

5. An welchem Tag _____ wir den Teppich _____?

6. Wann _____ wir die Zimmerkameraden _____?

7. Die Studenten _____.

8. Wann _____ ihr _____.

5-4 Welches Wort paßt? Match the infinitives with the past participles.

_____ 1. finden   a. geholfen

_____ 2. ausprobieren   b. ist gegangen

_____ 3. übereinstimmen   c. gefunden

_____ 4. gehen   d. gewollt

_____ 5. passieren   e. gehabt

_____ 6. suchen   f. gekostet

_____ 7. wollen   g. ist gewesen

_____ 8. öffnen   h. ist mitgekommen

_____ 9. sein   i. ausprobiert

_____ 10. haben   j. eingerichtet

_____ 11. kosten   k. gekannt

_____ 12. mitkommen   l. gesucht

_____ 13. kennen   m. geöffnet

_____ 14. einrichten   n. ist passiert

_____ 15. helfen   o. übereingestimmt

5-5 Wohin gehören diese Dinge? Cross out the items that do not belong in a house or apartment.

der Flur	die Gegend	der Teppich
das Geschäft	die Zeit	der Schnee
die Küche	das Flugzeug	die Straßenbahn
die Uhr	das Bücherregal	die Möbel
der Schrank	die Toilette	der Ofen

5-6 Was ist logisch? Choose the most appropriate word to complete the sentence.

1. Hinter dem Haus gibt es _____.
   a. einen Garten
   b. Geschirr
   c. ein Erdgeschoß

2. Unsere Wohnung hat drei _____.
   a. Müll
   b. Teppiche
   c. Straßen

3. Neben dem Tisch ist _____.
   a. ein Haus
   b. ein Stuhl
   c. eine Toilette

4. Vor dem Garten steht _____.
   a. ein Auto
   b. das Fenster
   c. die Küche

5. Studenten wohnen _____.
   a. in der Garage
   b. im Wohnheim
   c. auf dem Tisch

6. Diese Wohnung gefällt mir; sie ist schön und auch _____.
   a. preiswert
   b. gefährlich
   c. schrecklich

7. Ich _____ diese Gegend, denn sie ist sehr ruhig.
   a. miete
   b. liefere
   c. empfehle

8. Heute müssen wir im Restaurant essen, denn _____ ist kaputt (*broken*).
   a. der Flur
   b. das Geschäft
   c. der Herd

Die weiteren Schritte

The present perfect tense

5-7 Beim Einziehen. Benjamin has just moved into the dorm. Form sentences in the present perfect tense.

1. seine Mutter / ihm / ein- Sessel / schenken

   _____

2. sein Vater / ihm / ein- Kaffeemaschine / kaufen

   _____

3. Studentin Tracy / ihm / ein- Lampe / geben

   _____

4. Großvater / Benjamin / ein- Bücherregal / bringen

   _____

   _____

5. Nachbarin / von zu Hause / ihm / Handtücher / kaufen

   _____

   _____

6. Jack / sein- Bücher / und / sein- Computer / zeigen

   _____

7. Benjamin / Geschwister / denken an / ihn

   _____

8. Benjamin / mit den anderen Studenten / sprechen

   _____

9. Benjamin / viel Spaß haben

   _____

5-8 Ein Nachmittag (*afternoon*). Add the correct form of **sein** or **haben** to the sentence.

1. Fred _____ in das Studentenwohnheim gegangen.

2. Dort _____ er seinen Freund Jessé getroffen.

3. Sie _____ zusammen studiert.

4. Dann _____ sie das Zimmer geputzt.

5. Ihnen _____ das Zimmer gut gefallen.

6. Jesse _____ die Küche gesucht.

7. Beide Studenten _____ dann zur Universität gelaufen.

5-9 Scott und Anne. Rewrite the following sentences in the present perfect tense.

BEISPIEL: Heute geht Scott allein nach Hause.
Gestern ist Scott allein nach Hause gegangen.

1. Heute fährt er um 10 Uhr mit dem Auto.

   Gestern _____

2. Heute denkt Scotts Freundin Anne an ihn.

   Gestern _____

3. Heute suchen sie zusammen eine Wohnung.

   Gestern _____

4. Heute finden sie ein Haus in der Nachbarschaft.

   Gestern _____

5. Heute kaufen Scott und Anne ein Sofa.

   Gestern _____

6. Heute liefert man den Herd.

   Gestern _____

7. Heute essen sie mit Freunden in der Küche.

   Gestern _____

8. Heute hören sie zusammen Musik.

   Gestern _____

9. Heute bleibt Scott zu Hause.

   Gestern _____

10. Heute geht Anne zur Bibliothek.

   Gestern _____

Separable and inseparable prefix verbs

Mark Twain said about separable verbs:

"The Germans… split a verb in two and put half of it at the beginning of an exciting chapter and the other half at the end of it. The German grammar is blistered all over with separable verbs; and the wider the two portions of one of them are spread apart, the better the author of the crime is pleased with his performance….However, it is not well to dwell too much on the separable verbs. One is sure to lose his temper early; and if he sticks to the subject, and will not be warned, it will at last either soften his brain or petrify it."

5-10 Trennbar oder untrennbar? Write the correct form of the verb in the present and perfect tense. Use the cues in parentheses.

BEISPIEL: arbeiten (er)
er arbeitet, er hat gearbeitet

1. einziehen(sie, sg.)

_____

_____

2. fernsehen (wir)

_____

_____

3. bezahlen (ich)

_____

_____

4. anhören (du)

_____

_____

5. empfehlen (Sie)

_____

_____

6. kennenlernen (sie, pl.)

_____

_____

7. verlassen (ich)

_____

_____

8. beantworten (du)

_____

_____

9. ausgehen (er)

_____

_____

10. erzählen (ihr)

_____

_____

5-11 Letztes Wochenende. Several students are discussing their experiences during a study-abroad semester. Form complete sentences from the following cues, using the present perfect tense.

1. ich / sein / im Sommer / in Deutschland

_____

2. mein Freund und ich / fahren / durch die Schweiz

_____

3. mitbringen / du / Souvenirs?

_____

4. was / sehen / ihr?

_____

5. wir / besuchen / die Universität in Wien

_____

6. gefallen / du / die Studentenwohnheime?

_____

7. viel einkaufen / ihr?

_____

8. wir / unsere Freunde / in München / treffen

_____

5-12 Persönliche Fragen. Answer in complete sentences.

1. Wohnen Sie in einem Studentenwohnheim oder in einer Wohnung?

   _____

2. Wann sind Sie eingezogen?

   _____

3. Wie oft sehen Sie fern?

   _____

4. Wer kommt manchmal vorbei?

   _____

5. Haben Sie schon viele Studenten kennengelernt?

   _____

The modal verbs

5-13 Lücken. Write the missing verb forms.

	DÜRFEN	SOLLEN	MÖGEN
ich	_____	soll	_____
du	darfst	_____	_____
er/sie/es	_____	_____	_____
wir	_____	sollen	_____
ihr	_____	_____	_____
sie/Sie	dürfen	_____	mögen

5-14 Modalverben. Complete each sentence with the correct form of the cued modal verb.

1. Der Professor _____ die Hausaufgaben korrigieren. (*has to*)

2. Die Studentin _____ eine Wohnung suchen. (*wants*)

3. Kinder _____ ihre Eltern lieben. (*should*)

4. Freunde _____ in einer Wohngemeinschaft wohnen. (*want*)

5. Die Schwester _____ ihrem Bruder einen Ball schenken. (*would like to*)

6. Was _____ er zum Geburtstag? (*want*)

7. Die Kinder _____ nicht am Abend fernsehen. (*may*)

8. _____ ihr das Studentenwohnheim finden? (*can*)

9. Wie gut _____ sie Deutsch sprechen? (*can*)

10. Diese Wohnung ist zu dunkel, ich _____ sie nicht. (*like*)

5-15 Neue Sätze. Form sentences using the following cues.

1. ich / mit / meine Mutter / sprechen möchten

   _____

2. wir / sie / und / mein Vater / besuchen wollen

   _____

3. wann / ihr / kommen können?

   _____

4. wir / bei / die Eltern / essen dürfen?

   _____

5. wir / auch / die Großeltern / sehen wollen

   _____

6. wir / ihr neues Haus / mögen

   _____

Die letzten Schritte

5-16 Was haben Sie am letzten Wochenende gemacht? Write ten sentences about your activities.

1. _____

2. _____

3. _____

4. _____

5. _____

6. _____

7. _____

8. _____

9. _____

10. _____

5-17 Wohnungswünsche. Read the following article and answer the questions.

Wohnungswünsche

In Deutschland wohnen 80 Millionen Leute. Jeder möchte eine Wohnung. Aber es gibt nicht genug Wohnungen für alle. Viele Wohnungen sind klein, viele sind unbequem, oft ist die Gegend laut. Studenten suchen auch Wohnungen oder eine Wohngemeinschaft. Die Nachbarschaft muß gut sein. Sie brauchen nur kleine Zimmer, eine kleine Küche, ein Bett, einen Schreibtisch, einen Schrank und Platz für eine Party. Die Wohnung muß auch bequem und ruhig sein. Die Studenten wollen dort arbeiten und studieren.

Fragen:

1. Wieviele Leute wohnen in Deutschland?

   _____

2. Wer möchte eine Wohnung?

   _____

3. Gibt es genug Wohnungen für alle?

   _____

4. Wie sind viele Wohnungen?

   _____

5. Was wollen die Studenten?

   _____

6. Was brauchen sie?

   _____

7. Was machen sie in der Wohnung?

   _____

5-18 Meine Wohnung / Mein Traumhaus. Look at the following pictures from an advertisement for homes in Germany. Then, in a short paragraph, describe either your present living quarters or your dreamhouse. (At this stage, do not place adjectives directly before nouns.)

BEISPIELE: Meine Wohnung ist…
Mein Traumhaus soll… sein.…

_____

_____

_____

_____

_____

_____

_____

Kapitel 6: Ich bin gesund!

Die ersten Schritte

6-1 Berufe, Körperteile, Wohnung. Ordnen Sie die folgenden Substantive in Gruppen. Geben Sie den richtigen Artikel. (*Put the following nouns into appropriate groups. Add the correct articles.*)

Auge	Bauch	Bücherregal	Decke	Eßzimmer	Fabrikarbeiter
Gesicht	Hals	Heizung	Herz	Ingenieurin	Kellnerin
Küche	Lehrer	Magen	Ofen	Professorin	Rechtsanwalt
Rücken	Schrank	Sekretär	Soldat	Spiegel	Teppich
Tür	Verkäufer	Zahn	Zeh	Zunge	

BERUFE	KÖRPERTEILE	WOHNUNG
_____	_____	_____
_____	_____	_____
_____	_____	_____
_____	_____	_____
_____	_____	_____
_____	_____	_____
_____	_____	_____
_____	_____	_____

6-2 Silbenrätsel. Bilden Sie Wörter aus den folgenden Silben. (*Make words from the following syllables.*)

ar - au - ge - gen - haa - hen - me - na - ne - oh - re - ren - se - zäh - ze - zun

1. sind im Mund   _____

2. sind im Gesicht   _____

3. sind auf dem Kopf   _____

4. ist im Gesicht   _____

5. Sie haben zwei lange   _____

6. sind zum Hören   _____

7. sind an den Füßen   _____

8. ist im Mund   _____

6-3 Tagesplan. Was muß man jeden Tag für sich tun? Benutzen Sie Reflexivverben. (*What does one need to do for oneself daily? Use reflexive verbs.*)

1. Um sauber zu sein, muß man _____ jeden Morgen _____.

2. Danach _____ man _____ an.

3. Man _____ _____ die Haare und

4. _____ _____ die Zähne.

5. Ein Mann _____ _____.

6. Eine Frau steht vor dem Spiegel und _____ _____.

6-4 Was sehen Sie im Spiegel? Beschreiben Sie Ihre Haare, Ihre Augenfarbe, Ihr Gesicht usw. Schreiben Sie sechs Sätze. (*Describe your hair, the color of your eyes, your face, etc. Write six sentences. Note: For plural nouns, use predicate adjectives, i.e.,* **Meine Augen sind blau.**)

1. _____

2. _____

3. _____

4. _____

5. _____

6. _____

6-5 Ein Sprichwort. Was bedeutet das Sprichwort? Erklären Sie es auf englisch. (*What does this proverb mean? Explain in English.*)

Wer schön sein will, muß leiden.

_____

_____

6-6 Körperteile. Welche Körperteile beginnen mit den folgenden Buchstaben? Geben Sie sie mit Artikel und Plural. (*Which parts of the body begin with the following letters? Write them down, including the definite article and plural form. Note: Do not use any of the words listed in Activity 6-7.*)

B _____

K _____

H _____

Z _____

M _____

A _____

G _____

F _____

R _____

6-7 Körperteile benutzen. Verbinden Sie die folgenden Körperteile mit einem passenden Verb, und schreiben Sie einen Satz. (*Combine the following parts of the body with an appropriate verb to form a sentence.*)

Beine	denken
Kopf	gehen
Haare	(sich) putzen
Hand	schreiben
Körper	(sich) fit halten
Ohren	(sich) kämmen
Zähne	(sich) waschen
Augen	sehen
	hören

1. _____

2. _____

3. _____

4. _____

5. _____

6. _____

7. _____

8. _____

Die weiteren Schritte

wissen/kennen/können

6-8 Was macht ein Arzt? Schreiben Sie das passende Verb in die Lücken. (*Write the appropriate verb in the blanks.*)

LISA: _____ (1) du, als Arzt muß man viele Krankheiten _____. (2) Ich bin jetzt Medizinstudentin, und ich _____ (3) alle Körperteile. Was _____ (4) du über Medizin?

KIRA: Ich _____ (5) nicht viel über Medizin. Ich _____ (6) nicht, ob (*if*) ich Tabletten nehmen _____. (7) Und ich fühle mich schlecht. _____ (8) du mich zum Arzt fahren?

LISA: Ja, das _____ (9) ich. Tut dir der Kopf weh? Du _____ (10) sicher ein Aspirin nehmen.

KIRA: _____ (11) du eine gute Ärztin?

LISA: Ja, Dr. Bender ist gut. Sie _____ (12) sehr viel über Medizin. Sie _____ (13) dir sicher helfen.

Reflexive verbs

6-9 Was Susi noch tun muß. Sagen Sie Ihrer kleinen Schwester Susi, was sie noch tun muß. (*Tell your little sister Susi what she still has to do.*)

BEISPIEL: sich ausziehen
Susi, du mußt dich noch ausziehen.

1. das Gesicht waschen

_____

2. die Hände waschen

_____

3. die Zähne putzen

_____

4. ein Buch ansehen

_____

5. sich duschen

_____

6. die Haare kämmen

_____

7. sich anziehen

_____

6-10 Was so jeder macht. Bilden Sie Sätze aus den folgenden Wörtern. (*Make sentences using the following words.*)

1. die Studentin / die Haare / sich kämmen / morgens

_____

2. wir / sich schminken / die Augen

_____

3. die Männer / sich rasieren / jeden Tag

_____

4. ich / sich waschen / abends

_____

5. die Kinder / die Hände / sich waschen / mittags

_____

6 du / die Zähne / sich putzen / jeden Tag?

_____

7. ihr / sich entspannen / mit / ein Buch / regelmäßig?

_____

8. seine Schwester / sich anziehen / jeden Morgen / um 7 Uhr

_____

9. abends / die Füße / ich / weh tun / manchmal

_____

6-11 Persönliche Fragen. Beantworten Sie die folgenden Fragen in vollständigen Sätzen. (*Answer the following questions, using complete sentences.*)

1. Wie oft putzen Sie sich die Zähne?

   _____

2. Wann kämmen Sie sich die Haare?

   _____

3. Um wieviel Uhr ziehen Sie sich an?

   _____

4. Waschen Sie sich oft die Hände?

   _____

5. Wie halten Sie sich fit?

   _____

6. Erkälten Sie sich oft?

   _____

7. Haben Sie sich schon einmal ein Bein gebrochen?

   _____

8. Rasieren oder schminken Sie sich täglich?

   _____

9. Fühlen Sie sich heute wohl?

   _____

10. Wie entspannen Sie sich?

    _____

Adjective endings

6-12 Wer hat was? Beschreiben Sie Ihre Wohnung und die Wohnung von Ihren Freunden. Bilden Sie Sätze aus den folgenden Wörtern. (*Describe your living quarters and those of your friends. Form sentences based on the following words.*)

BEISPIEL:　　Wer hat (ein / rund / Tisch)?
　　　　　　　　Meine Freundin Inge hat einen runden Tisch.

Wer hat…

1. ein / groß / Lampe?

   _____

2. ein / rot / Teppich?

   _____

3. der / schön / Computer?

_____

4. das / weiß / Waschbecken?

_____

5. die / schön / Handtücher?

_____

6. das / klein / Bild?

_____

7. die / blau / Couch?

_____

8. ein / hübsch / Garten?

_____

6-13 Wem gehört was? Familie Schröder ist aus dem Urlaub nach Hause gekommen. Alle suchen ihre Sachen. Bilden Sie Sätze aus den folgenden Wörtern. (*The Schröders have come home from their vacation. Everyone is looking for his/her things. Make sentences from the following words.*)

BEISPIEL: rot / Badehose / gehören / mein Bruder
      Die rote Badehose gehört meinem Bruder.

1. dick / Buch / gehören / ich

_____

2. schwarz / Pulli / gehören / seine Schwester

_____

3. groß / Ball / gehören / deine Kusine

_____

4. weiß / Turnschuh (*pl.*) / gehören / unsere Tante

_____

5. braun / Handtuch / gehören / der Onkel

_____

6-14 Was ist besser (*better*)**?** Beantworten Sie die folgenden Fragen mit vollständigen Sätzen. (*Answer the questions, using complete sentences.*)

1. Das Bücherregal ist hoch, und dieses Bücherregal ist klein. Welches Bücherregal möchten Sie?

_____

2. Dieser Schrank ist blau, der Schrank ist gelb. Welchen Schrank möchten Sie?

_____

3. Das Auto ist grau und dieses Auto ist grün. Mit welchem Auto möchten Sie fahren?

_____

4. Diese Stadt ist schön, aber diese ist häßlich. Welche Stadt möchten Sie sehen?

_____

5. Dieses Hotel ist alt, aber dieses ist neu. Welches Hotel gefällt Ihnen besser?

_____

6. Ich wohne bei der großen Familie, aber meine Schwester wohnt bei der kleinen Familie. Bei wem möchten Sie wohnen?

_____

7. Die Wohnung ist hell, aber diese Wohnung ist dunkel. Welche Wohnung gefällt Ihnen?

_____

6-15 Vaters Geburtstag. Bilden Sie Sätze aus den folgenden Wörtern. Benutzen Sie das Possessivpronomen **sein-** und das Perfekt. (*Make sentences using the following words. Use the possessive adjective **sein-** and the present perfect tense.*)

BEISPIEL: Geschenk geben: klein- Sohn
Geschenk: schön- Buch
Sein kleiner Sohn hat ihm ein schönes Buch gegeben.

GESCHENK GEBEN	GESCHENK
älter- Schwester	schwarz- Auto
groß- Sohn	bequem- Sessel
alt- Mutter	interessant- Zeitschrift
klein- Töchter	neu- Kamera
sportlich- Bruder	schön- Tennisschläger
klug- Kind	kein- Zeitungen

1. _____
2. _____
3. _____
4. _____
5. _____
6. _____

Die letzten Schritte

6-16 Beim Arzt. Lesen Sie den folgenden Text und füllen Sie die Tabelle aus. (*Read the following text and fill in the chart.*)

Es ist acht Uhr morgens. Zwei Studentinnen, Anja und Kerstin, gehen zum Arzt. Seit zwei Tagen hat Anja Kopfschmerzen und möchte nun vom Arzt Medizin gegen ihre Kopfschmerzen. Der Arzt fragt sie: «Anja, leiden Sie unter Streß? Arbeiten Sie zu viel? Studieren Sie auch nachts? Essen Sie gesund?» Anja weiß, sie muß mehr schlafen und auch gesund essen, und sie soll auch nicht rauchen. Auch die Vitamintabletten soll sie nehmen.

Kerstin hat Probleme mit ihrem Knie. Sie hat immer viel Tennis und Fußball gespielt und jetzt tut ihr das Bein weh. Der Arzt fragt sie: «Kerstin, spielen Sie oft Tennis oder Fußball? Laufen Sie oft?» Kerstin ist nicht krank, aber sie möchte fit sein und auch weiter Sport treiben. Aber sie muß sich entspannen und auch gesund essen.

	WAS TUT WEH?	WAS FRAGT DER ARZT?	WAS SOLL SIE TUN?
ANJA			
KERSTIN			

6-17 Zwei Gesichter. Beschreiben Sie, wie Sie sich heute fühlen. Schreiben Sie zwei bis drei Sätze. (*Describe how you feel today. Write two to three sentences.*)

Ich fühl' mich...

bombig! phantastisch fabelhaft wunderbar

This means: *I feel...*
...great! ...fantastic. ...fabulous. ...wonderful.

Ich fühl' mich...

schrecklich miserabel hundeelend mies

This means: *I feel...*
...terrible. ...dog-miserable. ...terrible. ...lousy.

_____

_____

_____

_____

_____

6-18 Heute. Schreiben Sie auf, was Sie heute gemacht haben und wann. Benutzen Sie Verben wie aufstehen, sich duschen, sich anziehen, frühstücken usw. Dann schreiben Sie auf, was Sie an anderen Tagen regelmäßig machen. (*Write what you have done today, and at what time. Use verbs like* **aufstehen, sich duschen, sich anziehen, frühstücken,** *etc. Then list what you do regularly on other days of the week.*)

BEISPIEL: Um 7 Uhr bin ich aufgestanden.

_____

_____

_____

_____

_____

_____

_____

_____

Manchmal   _____

Oft   _____

Zweimal pro Woche   _____

Viermal pro Woche   _____

6-19 Sich fit halten. Leben Sie gesund? Halten Sie sich fit? Schreiben Sie einen kurzen Aufsatz über Fitness. (*Write a short essay about fitness.*)

_____

_____

_____

_____

_____

_____

_____

_____

_____

_____

Kapitel 7: Laß uns etwas zusammen unternehmen!

Die ersten Schritte

7-1 Deutsche Wörter. Schreiben Sie die deutschen Wörter auf. Ihre Anfangsbuchstaben ergeben eine große Stadt in Deutschland. (*Write the German words. Their first letters spell the name of a large city in Germany.*)

1. students dance there _____

2. over _____

3. a city map _____

4. a sign _____

5. a _____

6. a store _____

7. to think _____

8. or _____

9. a place to eat _____

10. airport _____

Stadt: _____

7-2 In einer Stadt. Beantworten Sie die folgenden Fragen. Benutzen Sie eine Präposition in Ihrer Antwort. (*Answer the following questions. Use a preposition in your answer.*)

1. Wo kann man etwas essen? _____

2. Von wo fährt man mit der Bahn ab? _____

3. Wo steigt man in den Bus? _____

4. Wo biegt man um eine Ecke? _____

5. Wo kauft man ein Buch? _____

6. Wo leiht man sich Bücher? _____

7. Wo sieht man Bilder von Rubens und Monet? _____

8. Wo bekommt man Blumen? _____

9. Wo kann man im Urlaub schlafen? _____

10. Von wo fliegt man in eine andere Stadt? _____

11. Wo bleibt man bei Rot stehen? _____

7-3 Besuch bei den Großeltern. Ergänzen Sie die Sätze mit der richtigen Form der folgenden Wörter. (*Complete the sentences with the correct form of the following words.*)

abholen	der Zug	sich setzen
ankommen	das Café	die Stadt
die Bahn	die Fahrkarten	umsteigen
der Bahnhof	die Geschäfte	zeigen

Im Juni besuchen Pietro und Giovanni ihre Großeltern in Dresden. Sie fahren mit

_____ (1). Am _____ (2) kaufen sie

_____ (3). Dann setzen sie sich in _____ (4). Schon

um 8 Uhr abends _____ (5) sie _____ (6), denn sie müssen nicht

_____ (7). Ihr Großvater und ihre Großmutter

_____ (8) sie vom Bahnhof _____ (9). Dann machen sie noch

eine kleine Fahrt durch _____ (10). Die Großeltern

_____ (11) ihnen die neue Oper und die schönen neuen

_____ (12). Dann _____ (13) sie _____

(14) in ein _____ (15) und trinken Kaffee.

7-4 Was paßt? Welches Wort paßt zu welchem? (*Match the words in the two columns.*)

_____	1. einsteigen	a. der Verkehr
_____	2. herauskommen	b. die Post
_____	3. rot-grün-gelb	c. studieren
_____	4. der Brief	d. abbiegen
_____	5. essen	e. im Museum
_____	6. die Universität	f. in den Bus
_____	7. Autos, Autos, Autos	g. im Blumengeschäft
_____	8. die Kreuzung	h. die Ampel
_____	9. die Mona Lisa	i. im Restaurant
_____	10. Geschenk für meine Mutter	j. aus dem Laden

7-5 Wer sitzt wo? Schreiben Sie die Namen von vier Studenten/Studentinnen in Ihrem Kurs auf. Wo sitzen sie? Benutzen Sie **vor**, **hinter**, **neben** usw. (*Write down the names of four students in your class. Where do they sit? Use* **vor**, **hinter**, **neben**, *etc.*)

1. _____

2. _____

3. _____

4. _____

Die weiteren Schritte

Ordinal numbers and dates

7-6 Der wievielte ist heute? Geben Sie das Datum. (*Give the date.*)

BEISPIEL: 3. 5.
Heute ist der dritte Mai.

Heute ist…

1. 8. 4. _____

2. 2. 1. _____

3. 21. 9. _____

4. 30. 6. _____

5. 15. 12. _____

6. 1. 7. _____

7. 6. 8. _____

8. 31. 10. _____

9. 7. 2. _____

10. 3. 3. _____

7-7 Persönliche Fragen. Beantworten Sie die folgenden Fragen in vollständigen Sätzen. (*Answer the following questions in complete sentences.*)

1. Haben Sie Schwestern? Wann haben sie Geburtstag?

_____

_____

2. Haben Sie Brüder? Wann haben sie Geburtstag?

_____

_____

3. Wann hat Ihre Mutter Geburtstag? Ihr Vater?

_____

_____

4. Haben Sie eine Freundin oder einen Freund? Wann hat er/sie Geburtstag?

_____

_____

7-8 Fernsehprogramm. Benutzen Sie den Ausschnitt von dem Fernsehprogramm und beantworten Sie die folgenden Fragen. (*Use the segment of the television schedule and answer the following questions.*)

Fernsehprogramm vom 9.8. bis 12.8

Dienstag 9.8.
SAT 1

9.00/14.30 Superboy 9.30/13/30 Love Boat 10.30 Nachbarn 11.00 Schatten der Leidenschaft 11.55/17.00 Riskier was! 12.30 Unter der Sonne Kaliforniens 15.05 Bonanza 16.00/1/30 Star Trek 17.30 regional 18.00 Aufs Ganze! 19.00 News 19.19 täglich ran 19.30 Glücksrad 20.15 Der Bergdoktor 21.15 Die Verschwörer 22.15/3.10 Einspruch! 23.10 Spiegel TV Reportage 23.45 (F) Was ist denn bloß mit Helen los? 2.20 Mann-o-Mann 4.35 Hallo Onkel Doc!

Mittwoch 10.8.
ZDF

Vormittagsprogramm
5.15 Lust auf Gefahr 5.45 Sport extra 11.00/13.00 Tagesschau 11.04 (F) Sein bester Freund 12.35 Umschau 12.55 Presseschau 13.05 Mittagsmagazin
8.25 Leichtathletik: EM
13.45 Basketball-WM: Playoff-Runde
14.25 (F) Die Legionen des Cäsaren
16.00 logo
16.09 Die fliegenden Ärzte
17.00/1.15 heute
17.05 Leichtathletik: EM
18.45 Lotto am Mittwoch
19.00 heute/Wetter
19.25 Leichtathletik: EM
20.00 Chérie, mein Mann kommt!
21.00 Praxis
21.45 heute-journal

Donnerstag 11.8.
ARD

Vormittag wie ZDF
8.15 ARD-Sport extra
13.00/14.00 Tagesschau
13.05 Mittagsmagazin
13.45 Wirtschaftstelegramm
14.03 Schimpf 19 7 17
14.30 Nils Holgersson
14.55 Barbapapa
15.00 Tagesschau
15.03 Kinderquatsch mit Michael
15.30 Leichtathletik: EM
20.00/1.15 Tagesschau
20.15 Der nackte Osten
21.00 Der 7. Sinn
21.03 Gaudimax-Show
22.00 Ja oder Nein
22.30 Tagesthemen
23.00 Leichtathletik: EM
23.20 Ho-Chi-Minh-Pfad
0.50 Alles Pasta!

Freitag 12.8.
ARD

Vormittag wie ZDF
6.00 Morgenmagazin
9.00/11.00 Tagesschau
9.03 Alfred J. Kwak
9.30 Held Janos
11.04 Gaudimax-Show
12.10 Sturzflug ins Glück
13.45 Wirtschafts-Telegramm
14.00/15.00 Tagesschau
14.03 höchstpersönlich
14.30 Abenteuer Überleben
15.03 Der Doktor und das liebe Vieh
15.30 Immer, wenn ich belle
15.40 Unter dem Dachsfelsen
17.00 Tagesschau
17.10 Brisant
17.40 Regionale Infos
17.55 Kojak
18.55 Die Dinos
19.25 Verstehen Sie Spaß? Extra
20.00/1.20 Tagesschau
20.15 Nach langer Zeit (3)
21.45 ARD-exclusiv
22.30 Tagesthemen
23.00 Sportschau
23.25 Der Heimwerker
23.50 Die Bombe (1)
1.30 (F) Akt der Gewalt
2.50 Basketball-WM: USA - 1. Gruppe C

1. Welche Sportreportagen gibt es am 10. August auf ZDF, und wann? (**Leichtathletik** = *track and field*)

_____

_____

2. Wann kann man drei bekannte (*well-known*) amerikanische Filme sehen—"*Love Boat*," "*Bonanza*" und "*Star Trek*"? Geben Sie das Datum.

_____

3. Wo ist am 11. 8. die erste Tagesschau (*news*)?

_____

4. Wann kann man am Nachmittag (*afternoon*) "*Kojak*" sehen? Geben Sie das Datum.

_____

Movement vs. location

7-9 Fragen und Antworten. Setzen Sie eine passende Präpositionen ein, dann beantworten Sie die Fragen in vollständigen Sätzen. (*Add an appropriate preposition to the sentences, then answer the questions in complete sentences.*)

1. Mein Freund parkt sein Auto _____ der Garage. Wo parken Sie Ihr Auto?

   _____

2. Seine Mutter sitzt _____ dem Computer. Wo sitzen Sie?

   _____

3. Unsere Bücher liegen _____ dem Tisch. Wo liegen Ihre Bücher?

   _____

4. Die Bilder hängen _____ der Wand. Wo hängen Ihre Bilder?

   _____

5. Der Papierkorb steht _____ dem Tisch. Wo steht Ihr Papierkorb?

   _____

6. Die Küche ist _____ dem Haus. Wo ist Ihr Wohnzimmer?

   _____

7. Die Lampe hängt _____ dem Tisch. Wo hängt Ihre Lampe?

   _____

8. Das Geschäft ist _____ der Post und dem Cafe. Wo ist Ihr Lieblingsgeschäft? (**Lieblings-** = *favorite*)

   _____

7-10 Präpositionen. Wählen Sie die richtige Präposition und den Artikel für die folgenden Sätze. (*Choose the appropriate preposition and article in the following sentences.*)

BEISPIEL: Das Mädchen sitzt _____ Tisch. (an/unter)
Das Mädchen sitzt am (an dem) Tisch.

1. Der Wagen steht _____ Garage. (auf/in)
2. Der Stadtplan hängt _____ Wand. (in/an)
3. Der Garten ist _____ Haus. (hinter/auf)
4. Die Kinder lernen _____ Schule. (vor/in)
5. Das Hotel steht _____ Restaurant. (neben/über)
6. Die Bäckerei ist _____ Kaufhaus. (unter/hinter)
7. Das Haar ist _____ Kopf. (vor/auf)
8. Die Zunge ist _____ Mund. (zwischen/in)

7-11 Ein Spaziergang in die Stadt. Schreiben Sie die richtige Präposition in die Lücken. Benutzen Sie Akkusativ-, Dativ- und Wechselpräpositionen. (*Write the appropriate preposition in the blanks. Use accusative, dative, and two-way prepositions.*)

_____ (1) Jeans Haus ist eine Bushaltestelle. Aber heute will er _____ (2) die Stadt laufen. Jean möchte _____ (3) der Post einen Brief _____ (4) seine Tante abschicken. Er geht _____ (5) eine Brücke. Sie ist _____ (6) der Post. Dann erst geht er _____ (7) ein Lebensmittelgeschäft, dann _____ (8) einen Blumenladen. Er kauft Blumen _____ (9) seine Freundin. Er kommt _____ (10) dem Blumenladen und sieht seinen Freund Marcel. _____ (11) Marcel geht er _____ (12) ein Restaurant.

7-12 Was stimmt hier? Schreiben Sie die richtige Form des Artikels in die Lücken. (*Fill in the blanks with the appropriate form of the article.*)

1. Gabriella fährt heute in _____ Stadt.

2. Wohnt Gabriella in _____ Stadt?

3. Antonio setzt sich auf _____ Bett.

4. Die Leute sitzen im Park auf _____ Bank (*bench*, fem.).

5. Das Auto ist unter _____ Balkon geparkt.

6. Der Student fährt sein Auto in _____ Garage.

7. Jean steht neben _____ Fenster (*sg.*).

8. Die Mutter hängt die Gardinen (*curtains*) vor _____ Fenster (*pl.*).

9. Claude steht zwischen _____ Kirche und _____ Kaufhaus.

10. Claudette reist heute in _____ Schweiz.

7-13 *Setzen/sitzen, legen/liegen, stellen/stehen, hängen.* Wo sind die Dinge oder Personen? Schreiben Sie das richtige Verb in die Lücken. (*Where are these items or persons? Write the appropriate verb in the blanks.*)

1. Eine Vase _____ man auf den Tisch.

2. Neben dem Haus _____ ein Auto.

3. Mehmet _____ auf der Couch.

4. Holger ist müde und _____ im Bett.

5. Die Kinder _____ vor dem Fernseher.

6. Unter dem Tisch _____ die Zeitung.

7. Wohin haben wir das Buch _____?

8. Wo _____ der Tisch?

9. Die Familie _____ sich an den Tisch.

10. Bilder _____ an der Wand.

7-14 Mein Klassenzimmer. Was steht, liegt und hängt in Ihrem Klassenzimmer? Schreiben Sie fünf Sätze. (*What stands, lies, and hangs in your classroom? Write five sentences.*)

_____

_____

_____

_____

_____

7-15 Hin oder her? Schreiben Sie zehn Wörter mit **hin** und **her**. Geben Sie auch die englische Bedeutung. (*Write ten words with **hin** and **her**. Give their English meaning.*)

HIN	BEDEUTUNG	HER	BEDEUTUNG
_____	_____	_____	_____
_____	_____	_____	_____
_____	_____	_____	_____
_____	_____	_____	_____

7-16 Wo? Woher? Wohin? Wählen Sie das richtige Fragewort, und schreiben Sie es in die Lücke. (*Choose the appropriate question word and write it in the blank.*)

BEISPIEL:　　Der Student kommt aus Potsdam.
　　　　　　　Woher kommt der Student?

1. Im Sommer fahren wir nach Bayern.

   _____ fahren wir im Sommer?

2. Wir treffen uns an der Bushaltestelle.

   _____ treffen wir uns?

3. Dann fahren wir zuerst nach Hamburg.

   _____ fahren wir zuerst?

4. Im Restaurant essen wir zu Mittag.

   _____ essen wir zu Mittag?

5. Am Abend kommen wir von Garmisch.

   _____ kommen wir am Abend?

The *würde* construction

7-17 Viel Geld. Sie und Ihre Familie haben im Lotto gewonnen. Was würden Sie mit dem Geld machen? Machen Sie eine Liste. (*You and your family have won in the lottery. What would you do with the money? Make a list.*)

1. Mein Vater _____

2. Meine Mutter _____

3. Meine Großeltern _____

4. Ich _____

5. Wir alle _____

6. Mein/Meine _____

7. Mein/Meine _____

7-18 Hilfe! Bitten Sie die folgenden Leute um Hilfe. (*Ask the following people for help.*)

BEISPIEL: Carlos/ein Buch geben
Carlos, würdest du mir bitte ein Buch geben?

1. Frau Adrio/mich zum Supermarkt fahren

_____

2. Herr Rodriguez/mir Geld leihen

_____

3. Gaston/mir mit meinen Hausaufgaben helfen

_____

4. Professor Gonzales/mir die Arbeit erklären

_____

5. Jacques/mich zur Bibliothek bringen

_____

6. Desirée und Denise/mich anrufen

_____

Command forms

7-19 Befehle (*commands*). Machen Sie Befehle aus den folgenden Wörtern. (*Use the following words to express a command.*)

BEISPIEL: fahren/du/nicht/mit dem Bus
Fahr nicht mit dem Bus!

1. sprechen/du/nicht/so laut

_____

2. fahren/ihr/langsam

_____

3. mitnehmen/du/dein Bruder/nicht

_____

4. warten auf/Sie/der Bus

_____

5. vergessen/du/nicht/das Geld

_____

6. einsteigen/ihr/an der Bushaltestelle

_____

7. geben/Sie/mir/der Stadtplan

_____

8. lesen/du/die Zeitung

_____

9. sein/du/vorsichtig

_____

10. sein/ihr/nicht/so/aggressiv

_____

Die letzten Schritte

7-20 Frau Marceau ist müde. Lesen Sie die Konversation und antworten Sie auf die Fragen. (*Read the conversation and answer the questions.*)

FRAU MARCEAU: Ach, Frau Bouvier, das war ein schlimmer Tag. Was habe ich alles heute gemacht!

FRAU BOUVIER: Ja, erzählen Sie mir doch! Wo sind Sie denn gewesen?

FRAU MARCEAU: Zuerst bin ich mit dem Bus in die Stadt gefahren. Ich habe in der Metzgerei und im Kaufhaus eingekauft. Dann bin ich zum Blumenladen gegangen und habe Blumen für meinen alten Vater gekauft. Er feiert morgen seinen 95. Geburtstag.

FRAU BOUVIER: Und dann?

FRAU MARCEAU: Ja, ich bin auch zur Post gegangen und zum Kleidergeschäft. Dann war ich müde und habe im Restaurant Mittag gegessen. Und was haben Sie gemacht?

FRAU BOUVIER: Ich habe heute nicht viel gemacht. Zuerst habe ich gefrühstückt, dann habe ich mich in den Garten gesetzt. Dann ist meine Tochter gekommen, und wir sind spazieren gegangen. Ich bin nicht müde, mir geht es gut.

FRAU MARCEAU: Na, ich lege mich jetzt etwas hin. Dann geht es mir wieder gut. Auf Wiedersehen.

FRAU BOUVIER: Auf Wiedersehen.

Fragen:

1. Wo ist Frau Marceau gewesen?

_____

_____

2. Warum hat Frau Marceau Blumen gekauft?

_____

_____

3. Was hat Frau Bouvier gemacht?

_____

_____

7-21 Aufsatz (*essay*). Schreiben Sie jetzt einen kurzen Aufsatz über Frau Marceau und Frau Bouvier. Benutzen Sie Wörter wie **und, aber, oder, denn**, etc. (*Now write a short essay about Mrs. Marceau and Mrs. Bouvier. Use words such as* **und, aber, oder, denn**, *etc.*)

_____

_____

_____

_____

_____

_____

_____

_____

_____

Die ersten Schritte

8-1 Buchstaben. Bilden Sie Wörter aus den folgenden Buchstaben. (*Unscramble the following letters to form words.*)

1. addenoort _____

2. aaahnpstz _____

3. ahmoops _____

4. äekmm _____

5. abehnnrstüz _____

6. eefis _____

Wo kann man diese Dinge kaufen? (*Where can these items be bought?*)

_____

8-2 Was kauft man wo? Ordnen Sie die folgenden Substantive in Gruppen. Schreiben Sie den richtigen Artikel dazu. (*Write the following nouns in the appropriate column. Give the definite article.*)

Anzug	Hut	Medizin	Seife
Aspirin	Kamm	Mütze	Spiegel
Deodorant	Kleid	Rock	Unterwäsche
Hemd	Mantel	Schlaftabletten	Vitamintabletten
Zahnbürste	Zahnpasta		

IN DER DROGERIE	IM KLEIDERGESCHÄFT	IN DER APOTHEKE
_____	_____	_____
_____	_____	_____
_____	_____	_____
_____	_____	_____
_____	_____	_____
_____	_____	_____

8-3 Welches Wort paßt nicht? Unterstreichen Sie das Wort, das nicht in die Serie paßt. (*Underline the word that does not belong.*)

1. die Farbe	die Küche	das Wohnzimmer	das Eßzimmer
2. alt	neu	singen	besetzt
3. anprobieren	durchwählen	einkaufen	sagen
4. die Bluse	der Rock	das Kind	das Kleid
5. der Kamm	die Seife	gehen	die Zahnbürste
6. der Anruf	dauern	das Telefonbuch	die Vorwahl
7. einfach	erfolgreich	ich	zuerst
8. sich erinnern	sich freuen	sich waschen	schicken

8-4 Trennbar (*separable*) **oder nicht?** Suchen Sie die trennbaren und die untrennbaren Verben aus. (*Select the separable and the inseparable prefix verbs.*)

	TRENNBAR	NICHT TRENNBAR
anprobieren	_____	_____
einkaufen	_____	_____
beschreiben	_____	_____
anrufen	_____	_____
aufstehen	_____	_____
herunterkommen	_____	_____
aussteigen	_____	_____
sich anziehen	_____	_____
umsteigen	_____	_____
sich entspannen	_____	_____
unternehmen	_____	_____
durchwählen	_____	_____
sich erinnern	_____	_____
verschieben	_____	_____
versprechen	_____	_____
vorschlagen	_____	_____

8-5 Einkaufen. Lesen Sie den folgenden Text, und wählen Sie die passenden Wörter für die Lücken. (*Read the following text and choose the appropriate words to fill in the blanks.*)

hoffen	Hose	Hosen	Jeanshose	Kaufhaus
Kleid (3x)	Mantel	Rock		

Sarah und Markus treffen sich im _____ (1). Sarah will sich ein _____

(2) kaufen, und Markus braucht eine _____ (3) und einen _____ (4).

Sie _____ (5), daß sie etwas finden. Sarah möchte sich ein rotes _____

(6) kaufen. Markus sagt, daß sie einen _____ (7) kaufen soll, denn ihm gefällt das

rote _____ (8) nicht. Sarah gefällt es aber, und sie kauft es.

Nun suchen sie etwas für Markus. Markus gefallen die schwarzen und braunen _____

(9). Sarah möchte, daß er eine braune kauft. Markus kauft schließlich eine blaue

_____ (10).

8-6 Rätsel. Erraten Sie die folgenden Wörter. Ihre Endbuchstaben ergeben ein Kleidungsstück. (*Guess the following words. Their last letters spell a piece of clothing.*)

1. nicht ich, sondern _____

2. im Geschäft etwas _____

3. man trägt ihn auf dem Kopf _____

4. Frauen tragen sie (*sg.*) _____

5. nicht sie, sondern _____

6. man trägt ihn am Fuß _____

7. man wäscht sich mit ihr _____

8. Haare kämmt man mit einem _____

9. Männer tragen es _____

    Kleidungsstück: _____

8-7 Silbenrätsel. Finden Sie das passende Wort. Die Anfangsbuchstaben *von unten nach oben* gelesen ergeben ein neues Wort. Ein richtiger Kopfzerbrecher! Tip: der erste Buchstabe von unten ist Ü. (*Find the correct word. The first letters, read from bottom to top, spell a new word. A real brainteaser! Tip: the first letter from the bottom is Ü.*)

    A - be - ber - Ca - ein - fe - fé - gang - grau - hof - ke - neu - po - rich - Rock -sam -setzt - Spa - ter - the - tig - ü - un - zier

1. nicht schwarz oder weiß, sondern… _____

2. nicht alt, sondern… _____

3. nicht über, sondern… _____

4. Ich…, du kannst kommen. _____

5. Da trinkt man etwas. _____

6. einen… machen _____

7. Dort kann man Schlaftabletten kaufen. _____

8. Frauen tragen ihn mit Blusen. _____

9. nicht falsch, sondern… _____

10. Ich bin so allein. _____

11. Jemand kann nicht telefonieren, weil es… ist. _____

12. nicht unter, sondern… _____

Neues Wort: Ü_____

Die weiteren Schritte

Subordinating conjunctions

8-8 Gründe (*Reasons*). Geben Sie eine logische Antwort. Beginnen Sie jeden Satz mit **weil**. (*Give a logical answer. Begin each sentence with* **weil**.)

BEISPIEL: Warum tragen Sie eine Mütze?
Weil es Winter ist.

1. Warum kaufen Sie sich einen warmen Pullover?

_____

2. Warum tragen Sie heute Jeans?

_____

3. Warum möchten Sie eine neue Jacke?

_____

4. Warum kaufen Sie sich diese Schuhe?

_____

5. Warum gehen Sie ins Kaufhaus?

_____

8-9 Ein Einkaufsbummel. Ergänzen Sie die Sätze mit **wenn** oder **ob.** (*Complete the sentences with* **wenn** *or* **ob.**)

1. Martina und Erika gehen immer zusammen einkaufen, _____ sie Kleider wollen.

2. Sie wissen nicht, _____ sie Hosen oder Röcke kaufen sollen.

3. Erika fragt, _____ die Hose sehr teuer ist.

4. Sie kauft sie, _____ sie billig ist.

5. Martina fragt, _____ es auch Winterschuhe gibt.

6. Sie kaufen sie aber erst, _____ es kalt ist.

8-10 Was machen Sie…? Wählen Sie eine logische Konjunktion: **obwohl, nachdem, bevor, bis, damit.** (*Choose a logical conjunction:* **obwohl, nachdem, bevor, bis, damit.**)

Was machen Sie,

1. _____ Sie eingekauft haben?

2. _____ Sie kein Geld haben?

3. _____ Sie ins Kino gehen?

4. _____ die Vorlesung beginnt?

5. _____ Sie nicht krank werden?

6. _____ Sie neue Schuhe kaufen?

7. _____ Sie wieder nach Hause fahren?

8. _____ Sie ins Bett gegangen sind?

8-11 Was haben sie gesagt? Bilden Sie Sätze aus den folgenden Wörtern. (*Form sentences from the following words.*)

1. ich / jetzt / nicht anrufen // weil / es / sein / spät

_____

2. er / sagen // daß / er / schreiben / einen Brief

_____

3. wir / mitkommen // wenn / wir / haben / Zeit

_____

4. abends / er / zu mir / kommen // damit / wir / machen können / einen Spaziergang

_____

5. als / sie (*sg.*) / an der Universität / war // sie / bekommen (*pres. perfect*) / gute Zensuren

_____

6. ich / sich erinnern nicht / an / das Buch // obwohl / ich / es / lesen (*pres. perfect*)

_____

7. mir / vorschlagen / (*imperative*) du // wann / ich / treffen / dich / sollen!

_____

8. bevor / ihr / zu der Apotheke / gehen // müssen / zum Arzt / gehen / ihr!

_____

8-12 Pläne machen. Ergänzen Sie die Sätze mit **als, wenn** oder **wann**. (*Complete the sentences with* **als,** **wenn** *or* **wann.**)

PETER: Tanja hat angerufen, _____ (1) du in der Stadt warst.

SUSI: _____ (2) hat sie denn angerufen?

PETER: Sie hat angerufen, _____ (3) sie am Bahnhof war.

SUSI: _____ (4) kommt sie denn?

PETER: Ich weiß nicht, _____ (5) sie kommt.

SUSI: _____ (6) sie zu uns kommt, sag es mir.

PETER: _____ (7) bist du zu Hause?

SUSI: _____ (8) ich von der Uni komme, bleibe ich zu Hause.

Compound nouns

8-13 Eins plus eins macht zwei. Bilden Sie neue Wörter, und schreiben Sie den richtigen Artikel dazu. Geben Sie die englische Bedeutung. (*Make new words and add the correct article. Give the English meaning.*)

BEISPIEL: Telefon + Buch
                das Telefonbuch: *telephone book*

1. Jeans + Hose

   _____

2. Winter + Jacke

   _____

3. Haus + Schuhe

   _____

4. Sommer + Pulli

   _____

5. Geschäft + Frau

   _____

6. Kleider + Schrank

   _____

7. Kopfschmerzen + Tabletten

   _____

8. Geburtstag + Überraschung

   _____

9. Kinder + Handtasche

_____

10. Straßen + Kreuzung

_____

11. Universität + Bibliothek

_____

12. Tisch + Decke

_____

Word order: Time-manner-place

8-14 Gewohnheiten. Bilden Sie Sätze aus den folgenden Wörtern. Passen Sie auf: nicht alle Satzteile sind in der richtigen Reihenfolge. (*Form sentences from the following words. Be careful: not all sentence parts are in the correct sequence.*)

1. Klaus / fahren / um acht Uhr / zur d- Universität / mit d- Bus

_____

2. Dieters Kurs / im Goethehaus / beginnen / um 8.30 Uhr

_____

3. Susanne und Peter / gehen / essen / nach d- Kurs / mit Freunden

_____

_____

4. sie, pl. / fahren / mit d- Auto / ins Kino / am Nachmittag (*afternoon*)

5. Dieter, Susanne und Peter / machen / zu Hause / am Abend / Hausaufgaben / um 9 Uhr

_____

_____

8-15 Mein Tagesplan. Bilden Sie sechs Sätze. Schreiben Sie auf, wohin Sie jeden Tag gehen, um welche Zeit und mit wem. (*Write six sentences about your daily activities; state where you go, at what time, and with whom.*)

BEISPIEL: Ich gehe jeden Tag um 8 Uhr mit meiner Freundin zum Deutschkurs.

1. _____
2. _____
3. _____
4. _____
5. _____
6. _____

Der- and ein-words

8-16 Verschiedene Kleidung. Setzen Sie das Wort in Klammern ein. Beachten Sie die Endungen. (*Add the word in parentheses to the sentences. Pay attention to the endings.*)

BEISPIEL: Was für _____ T-Shirt! (ein-)
                    Was für ein T-Shirt!

1. Ist das _____ Jacke oder _____ Jacke? (dein-, mein-)

2. Im Winter brauche ich _____ Mantel. (ein-)

3. _____ Pullover ist zu groß. (Dies-)

4. Hängen _____ Kleider dort im Schrank? (ihr-)

5. _____ Handtasche gefällt dir? (Welch-)

6. _____ Mütze ist wirklich hübsch! (Ihr-)

7. _____ Mantel gefällt mir. _____ soll ich kaufen? (Jed-, Welch-)

8. Auf dem Sweatshirt ist _____ Bild. (ein-)

9. Was für _____ Hut schenkst du mir? (ein-)

10. Frauen können _____ Hose oder _____ Rock tragen. (ein-)

11. Männer tragen _____ Röcke. (kein-)

12. Dort liegt _____ Hemd. (sein-)

Die letzten Schritte

8-17 Was trägt man… Bei verschiedenen Anlässen trägt man andere Kleidung. Schreiben Sie auf, was Sie tragen. (*For various occasions one wears different clothing. Write what you wear in the following situations.*)

1. zu einer Party _____

2. an der Universität _____

3. zum Schwimmbad _____

4. in einem teuren Restaurant _____

5. auf einer Skireise _____

6. bei einer Wanderung (*hike*) _____

7. zum Tanz _____

8-18 Meine Kleidung. Beschreiben Sie jetzt Ihre Kleidung, entweder was Sie heute tragen, oder was Sie gern tragen. Farben und Adjektivendungen nicht vergessen! Benutzen Sie auch Wörter wie **weil, denn, wenn** usw. (*Describe your clothing, either what you are wearing today or what you like to wear. Don't forget colors and adjective endings; with plural nouns, use predicate adjectives, i.e.* **Meine Turnschuhe sind weiß.** *Also, use words such as* **weil, denn, wenn,** *etc.*)

_____

_____

_____

_____

_____

_____

_____

Kapitel 9: Guten Appetit!

Die ersten Schritte

9-1 Wörter. Erraten (*guess*) Sie die folgenden Wörter. Ihre Anfangsbuchstaben ergeben ein amerikanisches Essen.

1. morgens hat man großen _____

2. keine Birne, sondern ein _____

3. nicht Butter, sondern _____

4. sie sind lang und grün _____

5. sie zeigt, wie spät es ist _____

6. nicht gekocht, sondern _____

7. Erbsen, Bohnen und Kartoffeln _____

8. es ist kalt und süß _____

9. ein Apfel hat diese Farbe _____

das Essen: _____

9-2 Großeinkauf. Ihr Freund ist neu in der Stadt und braucht Auskunft über die Geschäfte. Beantworten Sie seine Fragen.

1. In welchem Geschäft kauft man Obst und Gemüse?

_____

2. Wo bekommt man Vitamintabletten?

_____

3. Wo gibt es Kuchen und Brot?

_____

4. Wer verkauft Fleisch und Würstchen?

_____

5. Wo bestellt man ein Würstchen mit Brötchen?

_____

6. Wo kaufen Sie ein Hemd oder eine Hose?

_____

7. Wo kauft man Deodorant?

_____

9-3 Im Flugzeug essen. Was kann man im Flugzeug essen? Machen Sie eine Liste.

VOKABELHILFE:

Garnelen = *prawns*
Knoblauch = *garlic*

Unser Flugpersonal
heißt sie herzlich willkommen an Bord

Salat
Gemischter grüner Salat

Hauptspeisen

GARNELEN MIT KNOBLAUCHSAUCE
Garnelen und Nudeln
in einer Sauce abgeschmeckt
mit geröstetem Knoblauch und Basilikum
serviert mit Erbsen und Champignons

HÜHNCHEN PICCATA
Hühnchenbrust
in einer Tomaten-Champignon-Sauce
serviert mit weißem Reis und grünen Bohnen
Brötchen, Käse und Cracker

Nachspeise
Schokoladenpudding

Guten Morgen!
Frische Früchte der Saison   Joghurt
Croissant mit Butter und Konfitüre

Wir bitten um Verständnis, falls Ihre Wahl nicht
erhältlich ist.

Zum Frühstück

_____

_____

Hauptspeisen (*main meals*)

_____

_____

_____

_____

Welches Menü nehmen Sie? Was bekommt man sonst?

_____

_____

Nachspeise (= Nachtisch)

_____

9-4 Was paßt nicht? Unterstreichen Sie die Wörter, die nicht passen.

1. Trinkgeld	Ober	Senf
2. saftig	salzig	sonst
3. Banane	Zigarette	Orange
4. Ananaseis	Pommes frites	Autobahn
5. Kaffee	Erdbeereis	Heizung
6. Mittagessen	Frühling	Abendessen
7. Schweinefleisch	Rindfleisch	Schweiz
8. Pfeffer	Suppe	Salz
9. Karotte	Zwiebel	Milch
10. Kuchen	Bier	Brot

9-5 Was essen Sie wann? Ordnen Sie die folgenden Lebensmittel in Kategorien.

Banane	Ei	Hähnchen	Milch
Blumenkohl	Eis	Kaffee	Obst
Schnitzel	Brot	Erdbeeren	Kartoffeln
Schweinefleisch	Brötchen	Fisch	Käse
Rindfleisch	Suppe	Butter	Fleisch
Kuchen	Saft	Tee	Wurst
Salat	Pommes frites		

ZUM FRÜHSTÜCK	ZUM MITTAGESSEN	ZUM NACHTISCH
_____	_____	_____
_____	_____	_____
_____	_____	_____
_____	_____	_____
_____	_____	_____
_____	_____	_____
_____	_____	_____

9-6 Rezept für Gemüsesuppe. Sie sollen eine Gemüsesuppe kochen. Schreiben Sie auf, was Sie dazu alles brauchen.

_____

_____

_____

_____

Die weiteren Schritte

Comparative and superlative of adjectives and adverbs

9-7 Gegenteile. Geben Sie das Gegenteil und den Komparativ.

BEISPIEL: süß   sauer   saurer

	GEGENTEIL	KOMPARATIV
1. alt	_____	_____
2. hungrig	_____	_____
3. groß	_____	_____
4. schwer	_____	_____
5. wenig	_____	_____
6. dick	_____	_____
7. oft	_____	_____
8. früh	_____	_____
9. hell	_____	_____
10. billig	_____	_____
11. schlecht	_____	_____

9-8 Paare (*pairs*). Vergleichen (*compare*) Sie die folgenden Satzpaare. Benutzen Sie die gegebenen (*provided*) Adjektive und schreiben Sie zwei Sätze.

BEISPIEL: weich / sein / Käse / Butter
Käse ist nicht so weich wie Butter.
Butter ist weicher als Käse.

1. teuer / sein / Bier / Cola

_____

2. gut / schmecken / Rindfleisch / Schweinefleisch

_____

3. heiß / sein / die Suppe / das Würstchen

_____

4. groß / sein / das Brötchen / das Brot

_____

5. lecker / sein / Kuchen / Eis

_____

6. saftig / sein / Erdbeeren / Orangen

_____

7. kalt / sein / die Milch / das Mineralwasser

_____

9-9 Ihre Familie. Geben Sie die Namen Ihrer Familienmitglieder. Vergleichen Sie sie. Wer ist größer / jünger / kleiner als… usw. Schreiben Sie fünf Sätze.

BEISPIEL: Mein Vater ist größer als mein Bruder.

1._____

2. _____

3. _____

4. _____

5. _____

9-10 Vergleiche. Schreiben Sie die fehlenden (*missing*) Formen in die Tabelle.

BEISPIEL: klein   kleiner   am kleinsten

POSITIV	KOMPARATIV	SUPERLATIV
1. jung	_____	_____
2. _____	schwärzer	_____
3. gut	_____	_____
4. _____	mehr	_____
5. _____	_____	am dunkelsten
6. _____	höher	_____
7. salzig	_____	_____
8. _____	schöner	_____
9. teuer	_____	_____
10. _____	_____	am hellsten
11. _____	_____	am liebsten

9-11 Wissen Sie das? Füllen Sie die Lücken mit den Adjektiven in Klammern und beenden Sie die Sätze.

1. Der _____ (*highest*) Berg (*mountain*) in Amerika heißt _____ .

2. Der _____ (*largest*) Salzsee in Amerika liegt in _____ .

3. Die _____ (*largest*) Stadt in den USA ist _____ .

4. Im amerikanischen Staat _____ wohnen _____ (*the most*) Menschen.

5. Die _____ (*the best*) Würste ißt man in _____ .

6. Den _____ (*best*) Schweizer Käse gibt es in der _____ .

9-12 Auf deutsch.

1. A cheaper supermarket is next to the post office.

   _____

2. Why did you (*fam. sg.*) order the most expensive wine?

   _____

3. I cook well, and my brother cooks better; but my mother still cooks the best.

   _____

   _____

4. This fish is the freshest. (*2 possible answers*)

   _____

5. What do you (*formal*) like to eat most?

   _____

6. I write the longest letters to my parents.

   _____

   _____

Adjective endings

9-13 Igor ißt alles. Schreiben Sie, was Igor alles ißt oder trinkt.

BEISPIEL: trinken / kalt / Bier
                  Igor trinkt kaltes Bier.

1 essen / reif / Kirschen

   _____

2. möchten / süß / Obst

   _____

3. trinken / kalt / Milch

   _____

4. kochen / saftig / Rindfleisch

   _____

5. mögen / scharf / Pfeffer

   _____

6. wollen / gebraten / Hähnchen (*pl.*)

   _____

7. essen / gern / knusprig / Brot

   _____

8. trinken / viel / süß / Saft

   _____

9-14 Überall Unordnung! Die Mutter kommt nach Hause und überall (*everywhere*) liegen Kleidungsstücke. Sie fragt, wem sie gehören. Geben Sie die passende Endung.

1. Katja, wem gehören die schön_____ Schuhe?

2. Alexander, wer trug heute einen blau_____ Anzug?

3. Der hell_____ Pulli gehört sicher Ivan.

4. Auf dem Fußboden liegen blau_____ Socken, gehören sie dir, Katja?

5. Die gelb_____ Handtasche paßt gut zu dem gelb_____ Kleid, sie gehört wohl Annuschka.

6. Wer in dieser Familie trägt eine braun_____ Jacke?

7. Ist das mein weiß_____ Badeanzug?

8. So, nun legt alle eur_____ Sachen in d_____ Zimmer (*pl.*)!

Demonstrative pronouns

9-15 Ja oder nein? Antworten Sie mit einem Demonstrativpronomen auf die folgenden Fragen.

BEISPIEL: Kannst du meine Bücher mitbringen?
Ja, die kann ich mitbringen.
ODER: Nein, die kann ich nicht mitbringen.

1. Möchtest du den Kuchen essen?

_____

2. Kannst du ihm die Äpfel geben?

_____

3. Darf ich dir das Geschenk geben?

_____

4. Zeigst du mir deinen Hut?

_____

5. Müssen wir dieses Buch lesen?

_____

6. Gehören dir diese häßlichen Stühle?

_____

Die letzten Schritte

9-16 Nachtisch. Schreiben Sie in vollständigen Sätzen, was Sie jeden Tag am liebsten zum Nachtisch, zum Frühstück, zu Mittag oder zu Abend essen.

_____

_____

_____

_____

_____

9-17 Wer ißt gerne Sauerkraut? Was für Nährstoffe (_nutrients_) enthalten (_contain_) 100 g Sauerkraut? Beantworten Sie die Fragen in vollständigen Sätzen.

VOKABELHIFLE

Eisen = _iron_   **Zutaten** = _ingredients_
Ballaststoffe = _fiber_   **kcal** = **Kilokalorie**
Kalium = _potassium_

100 g gekochtes Sauerkraut* enthalten:

93,7 g Wasser
0,9 g Eiweiß, 0,2 g Fett
1,1 g Kohlehydrate
0,2 mg Vitamin B_6
12,0 mg Vitamin C
1,5 mg Vitamin K
168,0 mg Kalium
36,0 mg Kalzium
0,4 mg Eisen
1,4 g Ballaststoffe
13 kcal

*ohne weitere Zutaten

1. Welche Vitamine und Mineralien enthält Sauerkraut?

_____

_____

2. Hat Sauerkraut viel Fett?

_____

3. Hat Sauerkraut viele Kalorien?

_____

Schreiben Sie fünf Sätze über Sauerkraut. Ist Sauerkraut gesund? Warum (nicht)? Wer soll es essen — Kinder? Frauen? Leute, die viel Sport treiben? Warum? Essen Sie gern Sauerkraut?

_____

_____

_____

_____

9-18 Was man alles kaufen kann. Lesen Sie den folgenden Text und beantworten Sie die Fragen.

In deutschen Geschäften kann man viele Lebensmittel aus der Schweiz, aus Italien und auch aus Holland finden. Viele Lebensmittel kommen auch aus Amerika. Aus der Schweiz kommen Schokolade und Joghurt, aus Holland Tomaten und Gurken. Aus Italien kommen Spaghetti, Obst und Gemüse. Amerika exportiert Cola, McDonald's Hamburger und Cornflakes nach Deutschland.

> ### Ein Witz für Sie!
>
> Ein Kunde kommt in das Geschäft und sagt: "Ich möchte gern zwei Pfund Käse." Der Verkäufer sagt ihm: "Man sagt jetzt Kilo." Der Kunde ist überrascht und sagt: "Wirklich? Nicht mehr Käse?"

Die Deutschen kaufen ihr Brot und ihre Brötchen gern frisch in den Bäckereien. Lebensmittel und Gemüse bekommt man in Supermärkten, aber auch auf Märkten. Da gibt es auch ganz frischen Käse, gute Wurst, frisches Brot und viel Gemüse.

In den Supermärkten kann man viele frische Säfte in Flaschen[1] bekommen. Tiefgekühlte[2] Säfte gibt es nicht. Außer den Supermärkten gibt es auch noch viele kleine Geschäfte. Da kann man sich seine Tomaten oder Äpfel nicht aussuchen, sondern man muß danach[3] fragen.

Die meisten Leute bringen ihre eigenen Tüten oder Taschen[4] mit, damit sie keine Plastiktüten kaufen müssen. Darin tragen sie dann die Lebensmittel nach Hause.

_____

[1]*bottles*   [3]=*nach den Tomaten oder Äpfeln*
[2]*frozen*   [4]*own bags*

FRAGEN:

1. Welche Lebensmittel kommen…

   aus Holland: _____

   aus der Schweiz: _____

   aus Italien: _____

   aus Amerika: _____

2. Wo kauft man in Deutschland ein? _____

   _____

3. Was kauft man im Supermarkt? _____

   _____

4. Wie tragen die Leute die Lebensmittel nach Hause?

   _____

9-19 In der Imbißstube. Natascha und Tanja haben den ganzen Tag in der Stadt eingekauft. Sie sind jetzt sehr hungrig und durstig. Endlich finden sie eine Imbißstube. Schreiben Sie eine Konversation zwischen Natascha und Tanja. Was wollen sie essen und trinken? Was bestellen sie beim Ober?

NATASCHA: Da ist endlich eine Imbißstube. Komm, essen wir was.

TANJA: _____

NATASCHA: _____

TANJA: _____

NATASCHA: _____

TANJA: _____

NATASCHA: _____

TANJA: _____

NATASCHA: _____

Die ersten Schritte

10-1 Länderrätsel. Hier sind dreizehn Länder versteckt (*hidden*). Suchen Sie sie horizontal oder vertikal, und machen Sie Kreise (*circles*) darum.

K	F	B	E	L	G	I	E	N	N	F
F	I	N	N	L	A	N	D	G	O	R
P	T	S	G	E	C	I	Ä	W	R	A
T	A	C	L	S	B	R	N	Z	W	N
Ü	L	H	A	P	O	L	E	N	E	K
R	I	W	N	A	F	A	M	Y	G	R
K	E	E	D	N	P	N	A	Z	E	E
E	N	I	N	I	L	D	R	P	N	I
I	A	Z	O	E	M	B	K	A	S	C
M	N	B	V	N	C	G	U	I	D	H
Ö	S	T	E	R	R	E	I	C	H	H

Zwei Länder sind feminin. Wie heißen sie?

_____

10-2 Ein Geographietest. Welche Länder grenzen an (*border*) Deutschland? Schreiben Sie die Namen auf.

Im Norden: _____

Im Osten: _____

Im Süden: _____

Im Westen: _____

10-3 Länder und Sprachen. Geben Sie die Länder mit den passenden Artikeln.
In welchem Land spricht man…

SPRACHE	LAND
finnisch	_____
französisch	_____
russisch	_____
portugiesisch	_____
dänisch	_____
schwedisch	_____
türkisch	_____
norwegisch	_____
spanisch	_____
italienisch	_____
englisch	_____
griechisch	_____
polnisch	_____
holländisch	_____

10-4 Welches Wort paßt nicht? Unterstreichen Sie das Wort, das nicht paßt.

1. die Briefmarke   die Pension   die Postkarte

2. das Doppelzimmer   das Einzelzimmer   der Paß

3. reservieren   spielen   übernachten

4. die Jugendherberge   der Schlafsack   die Sparkasse

5. das Reisebüro   die Pension   das Fremdenverkehrsamt

6. Polen   Deutschland   Österreich

7. die Post   per Luftpost   bar

8. reisen   singen   einlösen

10-5 Wenn jemand eine Reise macht,... Ergänzen (*complete*) Sie die Lücken mit logischen Wörtern.

für	sehr	nächst-	Jugendherberge	Koffer
Woche	reservieren	Reisebüro	Geld	Spaß
Bank	Geld	Mantel	Regenschirm	fertig
Reise	zuerst			

Danielle und Julie planen _____ _____ _____ (1) eine _____ (2) nach Italien. Sie möchten _____ (3) Rom und Florenz besuchen. Sie wollen nicht in einer _____ (4) übernachten. Sie gehen zuerst zum _____ (5) und lassen von dort Zimmer _____ (6). Sie brauchen auch etwas italienisches _____ (7), denn sie möchten etwas kaufen. Sie gehen zur _____ (8) und wechseln deutsches Geld in italienisches _____ (9) um.

Nun müssen sie ihre _____ (10) packen. In Italien ist das Wetter _____ (11) warm. Sie nehmen trotzdem einen _____ (12) mit. Sie brauchen auch einen _____ (13).

Nachdem alles _____ (14) ist, fahren sie los. Gute Reise und viel _____ (15), Danielle und Julie!

10-6 Was ist hier logisch? Markieren (*mark*) Sie die logischen Sätze mit **L**, die unlogischen mit **U**.

_____ 1. Auf jedem Brief muß eine Briefmarke sein.

_____ 2. Im Fremdenverkehrsamt kauft man einen Koffer.

_____ 3. In einer Pension oder einem Hotel kann man übernachten.

_____ 4. Auf der Sparkasse wechselt man Flugzeuge.

_____ 5. Den Koffer packt man vor einer Reise.

_____ 6. Flugtickets holt man beim Reisebüro ab.

_____ 7. Reisende verbringen oft eine Nacht in der Wechselstube.

_____ 8. Geld wechselt man im Hotelzimmer.

Die weiteren Schritte

The simple past tense

10-7 Imperfekt und Partizip Perfekt. Geben Sie das Imperfekt (*simple past*) und das Partizip Perfekt mit dem Hilfsverb (*auxiliary verb*) für die folgenden Verben.

	IMPERFEKT	PARTIZIP
1. verstehen	_____	_____
2. haben	_____	_____
3. helfen	_____	_____

	IMPERFEKT	PARTIZIP
4. sein	_____	_____
5. ankommen	_____	_____
6. nehmen	_____	_____
7. stehen	_____	_____
8. singen	_____	_____
9. verbringen	_____	_____
10. wechseln	_____	_____
11. übernachten	_____	_____

10-8 Michelle und ihre Mutter sind unterwegs. Lesen Sie den Text, und füllen Sie die Lücken mit der Imperfektform (*simple past*) des Verbs.

Michelle und ihre Mutter _____ (1. wollen) in die Stadt. Zuerst _____ (2. fahren) sie mit dem Auto zur Bank. Dort _____ (3. parken) sie und _____ (4. gehen) hinein. Die Mutter _____ (5. brauchen) etwas Bargeld. Sie _____ (6. laufen) dann zum Lebensmittelgeschäft, wo sie Käse, Butter und Eier _____ (7. kaufen). Michelle _____ (8. mitnehmen) auch etwas Joghurt und Saft _____.

Im Lebensmittelgeschäft _____ (9. vergessen) Michelle ihre Tasche, und sie _____ (10. müssen) zurückgehen. Sie _____ (11. sein) froh, als sie ihre Tasche _____ (12. finden).

Dann _____ (13. sein) beide müde und _____ (14. suchen) ein Restaurant. Dort _____ (15. essen) sie etwas zu Mittag und _____ (16. trinken) ein Glas Saft. Michelle _____ (17. bestellen) auch noch ein Stück Kuchen.

Zwei Stunden später _____ (18. fahren) Michelle und ihre Mutter wieder nach Hause und _____ (19. kochen) etwas zum Abendessen.

Infinitives with and without *zu*

10-9 Silke und Ursula planen eine Reise. Füllen Sie die Lücken mit **zu**, wenn nötig (*necessary*).

Silke und Ursula wollen nach Europa _____ (1) reisen. Sie gehen zum Reisebüro um _____ (2) fragen, ob sie einen billigen Flug bekommen können. Sie möchten nach Frankfurt _____ (3) fliegen und danach mit dem Zug nach München _____ (4) fahren. Sie planen, in einer Jugendherberge _____ (5) übernachten. Beim Reisebüro bekommen sie Auskunft. Jetzt müssen sie noch für die Reise _____ (6) einkaufen. Sie versuchen, Geld _____ (7) sparen. Silke will noch einen Schlafsack _____ (8) kaufen, und Ursula versucht, noch ein billiges Kleid _____ (9) finden.

10-10 Was macht gesund? Füllen Sie die Lücken mit **zu**, wenn nötig.

1. Soll man kalten Saft _____ trinken?

2. Ist es gut, viel fettes Fleisch _____ essen?

3. Ist es gesund oder ungesund, viel _____ rauchen?

4. Wenn man zu dünn ist, soll man mehr _____ essen.

5. Um gesund _____ bleiben, muß man auch genug _____ schlafen.

6. Anstatt Schweinefleisch _____ essen, soll man Fisch essen.

7. Tennis _____ spielen macht fit.

8. Kinder sollen Obst _____ essen, anstatt Kaffee _____ trinken.

9. Frisches Gemüse _____ essen, ist auch gesund.

10-11 Jeder braucht etwas. Benutzen Sie die Infinitivkonstruktion in Klammern.

BEISPIEL: Ich gehe in die Stadt, (*in order to buy bread*)
Ich gehe in die Stadt, um Brot zu kaufen.

1. Inge kauft billige Schuhe, (*in order to save money*)

_____

2. Albert braucht einen neuen Anzug, (*in order to go to a party*)

_____

3. Susanne kauft ein Kleid, (*instead of buying pants*)

_____

4. Die Studenten wollen Strümpfe kaufen, (*without trying them on*)

_____

5. Hans zieht eine Jacke an, (*instead of wearing a sweater*)

_____

Expressions of time with adverbs

10-12 Interview. Fragen Sie einen Freund/eine Freundin, wie er/sie eine Woche verbringt. Dann schreiben Sie sechs Sätze mit Ausdrücken wie: **früh morgens, vormittags, mittags, oft, gestern, am Sonntag, täglich, jahrelang, jetzt** usw.

BEISPIEL: Vormittags liest er die Zeitung.

1. _____

2. _____

3. _____

4. _____

5. _____

6. _____

Die letzten Schritte

10-13 Ein Hotel erster Klasse. Was gibt es in diesem Hotel? Machen Sie eine Liste.

Das Hotel Erster Klasse in Kiel

Ein Hotel mit Service und Komfort auf internationalem Standard. 167 Zimmer mit Bad/WC, Fernseher, Radio, Direktwahltelefon, Minibar.
Restaurant für höchste kulinarische Ansprüche, Piano-Bar, Fitneß-Raum.
Sonnenterrasse, Friseur, Tiefgarage und 9 Konferenzräume für bis zu 270 Personen.
übrigens liegt das CONTI-HANSA direkt gegenüber vom Olso-Kai

Hotel
Conti-Hansa
Kiel

Schloßgarten7 — Kiel — Tel. (04 31) 51 15-0
Telex: 292813 —Fax: (04 31) 51 15-444

Beantworten Sie die Fragen.

1. Wie ist die Hoteladresse?

2. Wie ist die Telefonnummer?

3. Wo liegt das Hotel?

4. Wie groß sind die Konferenzräume?

10-14 Fahren Sie mit der Bahn! Sie sind in Hamburg und wollen eine Fahrt durch Deutschland machen. Wohin fahren Sie zuerst? Und dann? Welche Städte wollen Sie besuchen? Schreiben Sie vier bis fünf Sätze.

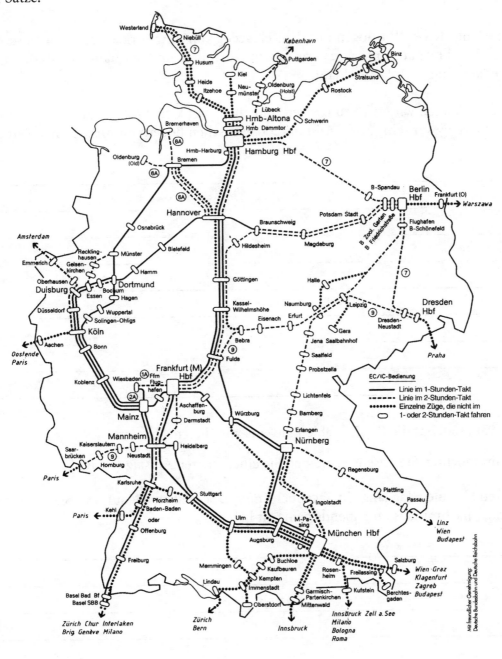

_____

_____

_____

_____

_____

_____

10-15 Flug nach Frankfurt. Tanja erzählt von ihrem Flug nach Frankfurt. Was gab es noch zu sehen? Was hat sie gemacht? Schreiben Sie ein Ende zu der Erzählung.

Tanja erzählt:

Ach, war das eine lange Reise. Wir flogen mit dem Flugzeug von New York ab und kamen sechs Stunden später in Frankfurt an. Unterwegs war es sehr stürmisch, und wir hatten ein bißchen Angst. Dies war unser erster Flug nach Deutschland.

Auf dem Flugzeug bekamen wir etwas zu trinken und auch zwei kleine Mahlzeiten. Alles schmeckte sehr gut. Unser Flugzeug war sehr groß. Mehr als 200 Menschen flogen mit uns. Ich hatte einen Fensterplatz.

_____

_____

_____

_____

_____

_____

_____

_____

10-16 Wer die Wahl hat, hat die Qual. Wählen Sie eins von diesen Themen.

THEMA 1:   Wohin möchten Sie reisen? Schreiben Sie einen kurzen Aufsatz (*essay*).

THEMA 2:   Führen Sie einen Tag lang ein Tagebuch (*diary*). Schreiben Sie auf, was Sie morgens, mittags, nachmittags und abends gemacht haben.

_____

_____

_____

_____

_____

_____

_____

Kapitel 11: An der Uni

Die ersten Schritte

11-1 Neue Wörter. Benutzen Sie die Buchstaben des Wortes STUDIEN. Wie viele Wörter aus dem Themenwortschatz und dem Weiteren Wortschatz in diesem Kapitel haben diese Anfangsbuchstaben?

S _____

_____

T _____

U _____

D _____

I _____

E _____

_____

N _____

11-2 Rätsel. Erraten Sie die Wörter. Ihre Anfangsbuchstaben ergeben ein neues Wort.

1. Wir lernen diese Sprache. _____

2. nicht unten, sondern _____

3. Man macht negative Sätze mit **nicht** oder _____

4. 24 Stunden sind ein _____

5. nicht mit, sondern _____

6. nicht links, sondern _____

7. In *Die letzten Schritte* schreiben Sie oft einen _____

8. eine _____ nach Österreich. _____

9. Präposition: _____ Morgen! _____

10. Amerikaner sprechen _____

11. _____ Laufe des Jahres _____

12. Land in Europa (*fem.*) _____

Neues Wort: _____

11-3 Ausdrücke. Geben Sie die folgenden Ausdrücke auf deutsch.

1. You were lucky.

_____

2. Your professor changed her mind.

_____

3. You did not fail the test.

_____

4. Everything is in order.

_____

11-4 Paare. Welche Wörter passen zusammen?

_____ 1. Deutsch		a. essen
_____ 2. Fremdsprache		b. hundert Jahre
_____ 3. Hauptfach		c. Germanistik
_____ 4. Jahrhundert		d. Bibliothek
_____ 5. Klausur		e. Latein
_____ 6. lehren		f. lernen
_____ 7. Mensa		g. 60 Minuten
_____ 8. studieren		h. Physik
_____ 9. Chemie		i. Prüfung
_____ 10. Rechtsanwalt		j. Nebenfach
_____ 11. Stunde		k. unterrichten
_____ 12. Bücher		l. Jura

11-5 Meine Kurse an der Universität. Welche Kurse haben Sie in diesem Semester belegt? Tragen Sie Ihren Studienplan in die Tabelle ein.

KURS	TAG UND ZEIT	ORT	PROFESSOR(IN)
	Montag		
	Dienstag		
	Mittwoch		
	Donnerstag		
	Freitag		

Die weiteren Schritte

The genitive case

11-6 Wer ist wer in der Familie Tran. Herr und Frau Tran haben zwei Söhne und zwei Töchter. Beenden Sie die Sätze mit den Wörtern in Klammern.

1. Frau Tran ist die Mutter _____. (*of the children*)

2. Herr Tran ist der Vater _____. (*of the boys and the girls*)

3. Hung und Vong sind die Brüder _____. (*of the girls*)

4. Ling und Mi sind die Schwestern _____. (*of the boys*)

5. Hung ist _____ Bruder. (*Vong*)

6. Ling und Mi sind die Enkeltöchter _____. (*of this grandfather*)

7. Hung und Vong sind die Enkelsöhne _____. (*of this grandmother*)

11-7 Ordnung muß sein! Hoa kommt nach Hause und sieht die Sachen ihrer Familienmitglieder auf dem Fußboden. Wem gehören sie? Schreiben Sie die folgenden Sätze auf deutsch. Benutzen Sie den Genitiv.

1. Whose biology book is this?

_____

2. Whose red jacket is (lying) on the chair?

_____

3. This football belongs to Lili's friend.

_____

4. This is probably my sister's blue coat.

_____

5. Is this my husband's tennis racket?

_____

6. This must be my mother's hat.

_____

11-8 Wem gehört das? Schreiben Sie auf, wem die Dinge gehören. Benutzen Sie das Wort in Klammern und den Genitiv.

BEISPIEL: Wessen Mathematikbuch ist das? (der neu- Lehrer)
Das ist das Mathematikbuch des neuen Lehrers.

1. Wessen Dissertation liegt hier? (die fleißig- Studentin)

   _____

2. Wessen Schule ist denn das? (meine jung- Freundinnen)

   _____

3. Wessen Theorie ist das? (der intelligent- Professor)

   _____

4. Mit wessen Fußball spielst du? (das klein- Kind)

   _____

5. Wessen Buch liest Peter? (sein klug- Vater)

   _____

6. In wessen Haus wohntest du? (meine freundlich- Tante)

   _____

11-9 Ein regnerischer Tag. Füllen Sie die Lücken mit der passenden Präposition: **trotz, statt, während** oder **wegen**.

LEE: Bist du gestern einkaufen gegangen?

TAKAO: Ja, ich bin _____ (1) des schlechten Wetters gegangen.

LEE: Du bist sicher mit dem Bus gefahren.

TAKAO: Ja, _____ (2) des Regens.

LEE: Bist du dann auch noch im Kino gewesen?

TAKAO: Nein, ich mußte doch _____ (3) meiner Prüfung zu Hause arbeiten.

LEE: Hast du dann noch ferngesehen?

TAKAO: Ja, ich habe noch _____ (4) des Abendessens die Tagesschau angesehen.

LEE: Und dann hast du doch noch einen Film gesehen?

TAKAO: Ja, aber _____ (5) des Filmes bin ich eingeschlafen (*fell asleep*).

Indefinite time

11-10 Ein Märchen (*fairy tale*). Lesen Sie den Text und setzen Sie die richtigen Zeitbestimmungen (*elements of time*) ein. Benutzen Sie die folgenden Wörter:

am Abend   am nächsten Tag
eines Tages   früh morgens
während des Tages

Es war einmal eine arme Familie mit zwei Kindern. _____ _____ (1) sagte die

Mutter den Kindern, daß sie nichts mehr zu essen hatten. _____ _____

_____ (2) brachten der Vater und die Mutter die Kinder in den Wald. _____

_____ _____ (3) arbeiteten sie mit den Eltern. Die Kinder wurden müde und schliefen

ein. _____ _____ (4) gingen die Eltern nach Hause. Die Kinder blieben im

Wald. _____ _____ (5) wachten die Kinder auf und waren allein.

(Fortsetzung folgt. [*To be continued.*])

11-11 Auf deutsch. Benutzen Sie die Zeitform in Klammern (*parentheses*).

1. One day I decided to learn German. (*simple past*)

_____

2. The professor has to correct papers (**Arbeiten**) every evening.

_____

3. Last month we studied for our history exam. (*simple past*)

_____

4. For years I hoped (*present*) to become a teacher.

_____

5. During the week we write our exercises (**Übungen**).

_____

Verbs with prepositions

11-12 Jetzt kommt das dicke Ende (*unpleasant surprise*)**.** Beenden Sie die folgenden Sätze.

BEISPIEL: Ich denke manchmal an…
Ich denke manchmal an meine schlechten Noten.

1. Ich erinnere mich nicht gern an _____ .

2. Ich bereite mich gut auf _____ vor.

3. Sprechen wir doch nicht mehr über _____ .

4. Ich freue mich nicht auf _____ .

5. Vielleicht schreibe ich etwas über _____ .

6. Jetzt muß ich mich für _____ entscheiden.

11-13 Mini-Situationen. Welches Verb und welche Präposition passen hier? Benutzen Sie die folgenden Verben und Präpositionen in den folgenden Sätzen.

warten auf	sich erinnern an
sich vorbereiten auf	sich entscheiden für
sich freuen über	sich interessieren für
sprechen über	schreiben über

1. _____ du dich _____ das Gedicht (*poem*)?

2. Natürlich, denn ich habe einen langen Aufsatz dar _____

   _____ .

3. Hast du schon mit deiner Mutter _____ die Party _____ ?

4. Nein, noch nicht.

5. Wor_____ _____ du denn an der Bushaltestelle?

6. _____ den Bus natürlich!

7. _____ du dich _____ das Geschenk?

8. Ja, sehr.

9. Wo_____ _____ sich denn dein Bruder?

10. Mathematik und Physik gefallen ihm am besten.

Da- and wo-compounds

11-14 Du auch? Beantworten Sie die Fragen. Geben Sie eine Ja-Antwort mit einem ganzen Satz. Benutzen Sie **da**-Komposita oder Präposition + Pronomen.

BEISPIEL: Ich interessiere mich für Amerikanistik. Du auch?
                Ja, ich interessiere mich auch dafür.

1. Ich mußte neulich ein Buch von Sinclair Lewis lesen. Du auch?

   _____

2. Ich war von dem Buch begeistert. Du auch?

   _____

3. Jetzt muß ich noch ein Referat über das Buch halten. Du auch?

   _____

4. Ich habe eine gute Note für meine Arbeit bekommen. Du auch?

   _____

5. Ich erinnere mich noch an die Professorin vom letzten Jahr. Du auch?

   _____

11-15 Johann Wolfgang von Goethe und die Literatur. Bilden Sie Fragen zu den folgenden Sätzen. Benutzen Sie **wo**-Komposita oder Präpositionen + Fragewörter (*interrogative pronoun*).

BEISPIEL: Goethe schrieb in Weimar für eine Zeitschrift.
                Wofür schrieb Goethe in Weimar?

1. Goethe schrieb Gedichte über die Liebe.

   _____

2. Goethe schrieb auch viele Briefe an Herder.

   _____

3. Er interessierte sich auch für Kunst und Malerei.

   _____

4. Viele Studenten in Amerika lesen über Goethe.

   _____

5. Germanistikstudenten schreiben viele Aufsätze über Goethes «Faust».

   _____

6. Ich erinnere mich noch an die Gedichte Goethes.

   _____

7. Goethe schrieb ein Drama über Egmont.

   _____

Die letzten Schritte

11-16 Vorlesungsverzeichnis. Wofür interessieren Sie sich? Wann und wo finden die Kurse statt (*take place*)? Was möchten Sie belegen? Wer unterrichtet die Kurse?

Philosophische Fakultät III
Germanistik

Sprachwissenschaft und ältere Literatur

4502	Die Lancelot-Rezeption in Deutschland - Mi 10-11 HS 3117, Fr 10-11 HS 3118	**Tornheim**
4503	Altnordische Literaturgeschichte I: Poetische Denkmäler - Di 9-11 HS 3411	**Grossmann**
4504	Linguistische Informatik: Syntaxanalyse - Do, Fr 10-11 UB ÜR 9	**Keller**
4505	Deutsche Sprachgeschichte II: Vom mittelalterlichen Deutsch bis zur Herausbildung des Neuhochdeutschen - Mo 11-13 HS 3043	**Meyer**
4506	Die Sage vom Skalden Egill - Do 9-10 HS 3212	**Kamm**
4507	Altfranzösische und mittelhochdeutsche Epik um Roland und Wilhelm - Di, Mi, Do 11-12 HS 1227	**Scholler**

Neuere deutsche Literatur

4610	Der späte Goethe 2 St. Di. 17-19 in HS 3219	**Meyer**
4611	Geschichte der «poésie pure» in Deutschland von Conrad Ferdinand Meyer bis zur Gegenwart 2 St. Di. 16-18 in Aula	**Hubert**
4612	Das nachklassische Geschichtsdrama 2 St. Do. 15-17 in 204	**Metzger**
4613	Das Drama von Arthur Schnitzler 2 St. Fr. 17-19 in 057	**Gates**
4614	Christa Wolf und Irmtraud Morgner 2 St. Mi 13014 in 056	**Kaufmann**

KURS	TAG UND ZEIT	ORT	PROFESSOR(IN)
Deutsche Sprachgeschichte II	Montag 11-13	HS 3042	Meyer

11-17 Semesterferien… Ordnen Sie die folgenden Sätze in eine logische Konversation. Yoko beginnt mit einem Satz.

_____ **YOKO:** So, nächste Woche beginnen die Ferien!

_____ **YOKO:** Ja, genau. Er war so uninteressant wie Vang. Gibt es eigentlich noch interessante Männer?

_____ **YOKO:** An wen? Ach, ja, Vang. Das war ein Typ! Er wollte immer nur Bier trinken, und dann war er immer so blöd! Erinnerst du dich an Wolfgang?

_____ **KEO:** Ja, natürlich.

_____ **YOKO:** Letztes Jahr war es ganz toll. Und die Leute da!

_____ **KEO:** Ich kann mich an ihn eigentlich kaum noch erinnern. Moment mal, er wollte immer nur über sein Studium sprechen. Richtig?

_____ **KEO:** Erinnerst du dich noch an unsere Ferien letztes Jahr?

_____ **KEO:** Du hast diesen Vang da kennengelernt. Denkst du noch manchmal an ihn?

11-18 Mein Lieblingskurs (*favorite course*). Schauen Sie sich die Fragen an und machen Sie Notizen.

1. Was ist das Thema Ihres Kurses? _____

2. Was für Bücher benutzen Sie? _____

3. Wie viele Studenten sind im Kurs? _____

4. Mögen Sie den Professor? _____

5. Haben Sie viele Hausaufgaben? _____

6. Wie ist es mit Klausuren? _____

7. Was mögen Sie nicht? _____

Schreiben Sie jetzt einen kurzen Aufsatz und benutzen Sie dabei Ihre Notizen.

_____

_____

_____

_____

_____

_____

_____

_____

11-19 Märchen. Lesen Sie noch einmal den Anfang des Märchens in Übung 11-10. Schreiben Sie jetzt ein phantasievolles (*creative*) Ende! Jedes Märchen endet mit: **Und wenn sie nicht gestorben sind, dann leben sie noch heute.**

_____

_____

_____

_____

_____

_____

_____

_____

_____

Kapitel 12: Meine Freizeit

Die ersten Schritte

12-1 Wörter! Erraten Sie die Wörter. Ihre Anfangsbuchstaben ergeben ein neues Wort.

1. In Finnland geht man in sie. _____

2. *La Bohème* ist eine _____

3. Ein Stück Bargeld _____

4. wenige, einige,… _____

5. sieben plus vier ist _____

6. *Anna Karenina* ist ein _____

7. nichts tun, herumliegen _____

8. ein paar, nicht viele _____

9. im Sommer nach Europa _____

10. Klavier und Gitarre _____

11. Die erste Frau hieß… _____

12. nicht geben, sondern _____

Neues Wort: _____

12-2 Berufe. Erraten Sie die folgenden Berufe. Geben Sie die maskulinen und die femininen Formen.

1. Sie schreiben Musik. _____

2. Sie spielen im Theater. _____

3. Sie schreiben Bücher. _____

4. Sie malen Bilder. _____

5. Sie unterrichten Deutsch. _____

6. Sie arbeiten im Café. _____

7. Sie arbeiten im Krankenhaus. _____

8. Sie arbeiten im Kaufhaus. _____

9. Sie kochen im Restaurant. _____

12-3 Paare. Welches Wort paßt zu welchem?

_____	1. Ball	a.	besprechen
_____	2. reisen	b.	segeln
_____	3. Hobby	c.	Trommel
_____	4. Gymnastik	d.	Interesse
_____	5. Klavier	e.	Münzen
_____	6. Schiff	f.	Ferien
_____	7. sich unterhalten	g.	turnen
_____	8. Tier	h.	Tischtennis
_____	9. Geld	i.	möchten
_____	10. wünschen	j.	Zoo

12-4 Ausdrücke. Geben Sie die folgenden Ausdrücke auf deutsch. Benutzen Sie **du**.

1. You kicked a goal (in a soccer game).

   _____

2. You want to sleep late.

   _____

3. You would like to stroll through town.

   _____

4. You are fit and athletic.

   _____

5. You would like to see the animals in the zoo.

   _____

6. You lost your favorite book.

   _____

12-5 Silbenrätsel. Bilden Sie Wörter aus den folgenden Silben. Die Anfangsbuchstaben ergeben den Namen eines deutschen Komponisten.

din - eng - es - fach - ge - haupt - lei - ler - ler - lisch - mann - nach - no - o - per - schaft - schau - schrift - se - sen - spie - stel - te - tisch

1. Eine Gruppe von Spielern ist eine _____.

2. nicht trinken, sondern _____

3. Man bekommt am Ende des Semesters eine _____.

4. reimt (_rhymes_) mit Ringe _____

5. Man spricht in Amerika _____.

6. nicht laut, sondern _____.

7. Kevin Costner ist _____.

8. Hermann Hesse ist _____.

9. «Don Giovanni» ist eine _____.

10. Ist Deutsch Ihr _____?

11. Eis ißt man zum _____.

der Komponist _____

12-6 Gegenteile. Verbinden Sie die Antonyme.

_____	1. Ferien	a. geben
_____	2. faulenzen	b. leise
_____	3. Oper	c. Tier
_____	4. gehen	d. Arbeit
_____	5. alle	e. fahren
_____	6. viele	f. arbeiten
_____	7. Mensch	g. wenige
_____	8. nehmen	h. vergessen
_____	9. laut	i. Schauspiel
_____	10. sich erinnern an	j. niemand

Die weiteren Schritte

Relative clauses and pronouns

12-7 Wir suchen Leute. Verbinden (*connect*) Sie die folgenden Sätze mit einem Relativpronomen.

BEISPIEL: Wir suchen einen Studenten. Er muß Klavier spielen.
        Wir suchen einen Studenten, der Klavier spielt.

1. Wir suchen eine Studentin. Sie muß Münzen sammeln.

_____

2. Wir suchen einen Mann. Er muß fit sein.

_____

3. Wir suchen eine Frau. Sie muß gut schwimmen.

_____

4. Wir suchen einen Künstler. Er muß gut malen können.

_____

5. Wir suchen eine Studentin. Sie muß gern Romane lesen.

_____

6. Wir suchen Schriftsteller. Sie müssen gut schreiben können.

_____

12-8 Definitionen. Erklären Sie die folgenden Wörter.

BEISPIEL: ein Musikinstrument
           Ein Musikinstrument ist ein Instrument, mit dem man Musik macht.

1. eine Tänzerin

_____

2. ein Schriftsteller

_____

3. eine Musikgruppe

_____

4. eine Fußballmannschaft

_____

5. eine Mathematikprofessorin

_____

6. ein Roman

_____

12-9 Natan hat viele Fragen. Geben Sie das richtige Relativpronomen.

BEISPIEL: **NATAN:** Wo ist mein Buch?
           TANJA: Das Buch, das du gestern gelesen hast?

NATAN: Wer hat meine Trommel?

TANJA: Die Trommel, mit _____ (1) du gespielt hast?

NATAN: Wo ist der Zoo?

TANJA: Der Zoo, in _____ (2) die Elefanten sind?

NATAN: Wo ist das Bild?

TANJA: Das Bild, _____ (3) Farben so schön sind?

NATAN: Wie heißt die Oper?

TANJA: Du meinst die Oper, _____ (4) Mozart geschrieben hat?

NATAN: Wo ist das Kino?

TANJA: Das Kino, _____ (5) so berühmt ist?

NATAN: Sind das die Kinder?

TANJA: Die Kinder, _____ (6) wir den Zoo zeigen wollen?

NATAN: Ist das der Komponist?

TANJA: Ja, der Komponist, _____ (7) wir alle kennen.

NATAN: Wo wohnt der Schriftsteller?

TANJA: Der Schriftsteller, _____ (8) ich so gern mag?

NATAN: Wo wohnt die Schauspielerin?

TANJA: Die Schauspielerin, _____ (9) Bild in der Zeitung war?

12-10 Was, wer, wem, wen, wessen? Geben Sie das richtige Pronomen.

1. _____ ich nicht weiß, macht mich nicht heiß. (Sprichwort)

2. _____ nicht hören will, muß fühlen. (Sprichwort)

3. Ich weiß nicht, _____ wir die Münze geben sollen.

4. Viele Menschen wissen nicht, _____ sie wollen.

5. Weißt du, _____ das Geld hat?

6. Hat sie ihm alles gesagt, _____ sie weiß?

7. Er versteht nicht, _____ der Professor gesagt hat.

8. Ich habe nicht gesehen, _____ ich sehen wollte.

9. _____ schwimmen will, muß schwimmen lernen.

Adjectives

12-11 Erinnern Sie sich noch? Geben Sie die fehlenden Wörter.

	KOMPARATIV	SUPERLATIV
gut	besser	_____
_____	_____	am leisesten
sportlich	_____	_____
_____	mehr	_____
_____	_____	am sichersten
langweilig	_____	_____
_____	schwerer	_____
leicht	_____	_____
_____	_____	am frühesten

12-12 Persönliche Fragen. Antworten Sie mit einem vollständigen Satz. Wer ist in Ihrem Kurs…

1. … am jüngsten?

_____

2. … immer ruhiger als die anderen Studenten?

_____

3. … die intelligenteste Studentin / der intelligenteste Student?

_____

4. … so groß wie Sie?

_____

5. … viel älter als Sie?

_____

6. … so interessant wie Ihre Freundin / Ihr Freund?

_____

12-13 Man ist, was man ißt. Geben Sie die richtigen Endungen für die Adjektive.

Die deutsch_____ (1) Familien fangen jed___ (2) Tag mit ein_____ (3) gut_____ (4) Frühstück an. Zum Frühstück gibt es warm___ (5) Kaffee oder warm_____ (6) Tee. Man ißt warm_____ (7) Brötchen mit frisch___ (8) Butter und Marmelade. Vielleicht ißt man auch ein gekocht_____ (9) Ei oder ein schön_____ (10) Spiegelei, etwas frisch___ (11) Käse und etwas Wurst.

Das Mittagessen ist gewöhnlich ein_____ (12) warm___ (13) Mahlzeit (_f._) mit ein___ (14) schön____ (15) Stück Fleisch oder Fisch. Dazu gibt es ein___ (16) grün___ (17) Salat und Kartoffeln mit gesund___ (18) Gemüse.

Am Nachmittag trinken die Deutschen oft ein___ (19) Tasse Kaffee und essen dazu lecker___ (20) Kuchen.

Abends ißt man nicht so viel wie mittags. Meistens nur ein__ (21) klein___ (22) Stück Brot mit Käse, ein___ (23) warm___ (24) Suppe und etwas Salat.

Die meist___ (25) Deutschen essen viel frisch___ (26) Obst und Gemüse. Ihre Lebensmittel müssen gesund sein. Sie wissen: Man ist, was man ißt.

12-14 Was haben Sie mitgebracht? Brigittes Freundin liegt zu Hause krank im Bett. Brigitte besucht sie und bringt ihr etwas mit. Verbinden (*combine*) Sie die Adjektive mit den Substantiven.

BEISPIEL: neu / Lampe
Ich habe dir eine neue Lampe mitgebracht.

1. schön / Bild _____

2. wunderbar / Kassette _____

3. dick / Buch _____

4. lecker / Schokolade _____

5. warm / Suppe _____

6. reif / Kirschen _____

7. rot / Apfel _____

8. saftig / Orange _____

12-15 Andere, einige, mehrere, viele, wenige. Welches Wort paßt? Mehr als eine Antwort ist richtig. Geben Sie auch die Adjektivendung.

1. Geben Sie mir bitte _____ schön____ Postkarten.

2. Wir lesen in den Ferien _____ deutsch__ Bücher.

3. Ich treffe auch die _____ ausländisch_____ Studenten.

4. Welche _____ interessant____ Beschäftigungen haben Sie?

5. Sie haben wirklich _____ gut_____ Ideen.

6. Wohnen die Leute in den _____ groß_____ Häusern?

7. Im Urlaub sprechen wir mit _____ nett_____ Leuten.

Die letzten Schritte

12-16 Pläne für ein Wochenende. Lesen Sie den folgenden Text.

Annette und Theo wohnen in Stuttgart. Sie haben dieses Wochenende von Freitag bis Sonntag frei. Annette will mit dem Fahrrad in den Schwarzwald fahren, aber Theo möchte lieber etwas in der Stadt machen. Er will Freitag abend ins Theater gehen und Samstag ins Konzert. Er schlägt vor, daß sie während des Tages ein paar kleine Fahrradtouren in die Stadt machen, zum Beispiel zum Zoo und zum Fernsehturm. Annette gefällt das auch. Aber sie möchte am Sonntag tanzen gehen und einen netten Film ansehen. «Prima», sagt Theo, «ich freue mich schon auf das Wochenende. Vielleicht können wir am Samstag oder Sonntag auch noch einen Stadtbummel machen. Am Sonntag kommt auch eine Musikgruppe in die Stadt.»

Was ist hier richtig (r), und was ist falsch (f)?

1. _____ Annette und Theo wollen eine Radtour in den Schwarzwald machen.

2. _____ Theo möchte einen Stadtbummel machen und Annette will ins Konzert gehen.

3. _____ Sie können zum Fernsehturm und zum Zoo fahren.

4. _____ Theo will am Sonntag auch noch einen Film sehen.

5. _____ Am Sonntag kommt eine Musikgruppe in die Stadt.

12-17 Wohin geht das Freizeitgeld? Sehen Sie sich die Tabelle an, und beantworten Sie die folgenden Fragen in vollständigen Sätzen.

VOKABELHIFLE

Werkzeug = *tools*
Spielzeug = *toys*
Haustiere = *pets*

1. Wofür geben die Deutschen das meiste Geld aus?

_____

2. Wieviel Geld geben Sie für Bücher, Zeitungen und Zeitschriften aus?

_____

3. Wieviel Geld brauchen sie für Sport und Camping?

_____

4. Wofür geben sie am wenigsten aus?

_____

Wieviel Urlaub ?
Jahresurlaub* 1987
in Tagen

Land	Tage
Niederlande	36,5 Tage
Finnland	31
BR Deutschland	30
Italien	29
Österreich	26,5
Dänemark	25
Schweden	25
Großbritannien	25
Frankreich	25
Schweiz	22,5
Spanien	22
Griechenland	22
Belgien	20
Irland	20
USA	12

*einschl. Tage durch Jahresarbeitszeitverkürzung

7088 © Globus

12-18 Jahresurlaub. Sehen Sie sich die Tabelle an, und beantworten Sie die Fragen.

1. Wie viele Tage Urlaub / Ferien hat man in

   a. Deutschland _____

   b. Italien _____

   c. Frankreich _____

   d. Spanien _____

   e. Belgien _____

   f. Irland _____

2. Wo hat man am meisten Urlaub? am wenigsten? Schreiben Sie einen ganzen Satz.

   _____

12-19 Geld für Urlaub und Freizeit. Wie Sie gesehen haben, haben die Holländer viel mehr Urlaub als die Menschen, die in den USA wohnen und arbeiten. Machen Sie sich zuerst einige Notizen darüber, wie Sie Ihren Urlaub in den beiden Ländern verbringen würden.

1. Sie wohnen und arbeiten in den USA und haben zwölf Tage Urlaub/Ferien. Wie benutzen Sie sie?

   Schreiben Sie fünf Ideen auf.

   Wenn ich 12 Tage Urlaub/Ferien hätte (*had*), dann würde ich…

   a. _____

   b. _____

   c. _____

   d. _____

   e. _____

2. Jetzt stellen Sie sich vor, Sie wohnen und arbeiten in den Niederlanden. Sie haben 36,5 Tage Urlaub/Ferien. Wie benutzen Sie sie? Schreiben Sie fünf Ideen auf.

a. _____

b. _____

c. _____

d. _____

e. _____

Nun wählen Sie eine von den Situationen — Sie haben 12 Tage Urlaub, oder Sie haben 36,5 Tage Urlaub. Schreiben Sie einen Aufsatz darüber, was Sie in Ihrem Urlaub machen würden. Benutzen Sie **würde + Infinitiv**, Sätze mit Konjunktionen wie **damit** usw. und Relativpronomen.

Beginnen Sie:

Wenn ich _____ Tage Ferien hätte (*had*), dann würde ich am liebsten… _____

_____

_____

_____

_____

_____

_____

_____

_____

_____

Kapitel 13: Die Welt der Arbeit

Die ersten Schritte

13-1 Rätsel. Hier sind fünfzehn Berufe versteckt. Suchen Sie sie horizontal oder vertikal und machen Sie Kreise darum.

A	U	D	P	G	N	B	J	H	K	L	I
F	R	I	S	E	U	R	G	A	L	B	N
P	M	R	B	S	O	K	L	R	E	L	F
E	E	E	E	C	H	E	F	B	M	I	O
L	C	K	S	H	B	V	X	E	P	K	R
E	H	T	I	Ä	R	Z	T	I	N	F	M
K	A	O	T	F	L	E	I	T	E	R	A
T	N	R	Z	T	A	S	D	E	R	J	T
R	I	I	E	S	N	B	V	R	I	O	I
I	K	N	R	M	R	F	V	I	U	Y	K
K	E	B	E	A	M	T	I	N	L	Y	E
E	R	C	P	N	K	Ö	C	H	I	N	R
R	W	O	I	N	M	K	O	K	O	C	H

13-2 Welches Wort paßt nicht? Unterstreichen Sie es.

1. das Klavier   die Trommel   das Tier
2. der Direktor   die Münze   die Informatikerin
3. der Zoo   die Bankkauffrau   die Köchin
4. die Berufsschule   das Gymnasium   der Chef
5. das Geld   die Stellung   das Gehalt
6. die Pension   der Verkäufer   die Kundin
7. ordentlich   böse   pünktlich
8. unhöflich   zuverlässig   selbständig

13-3 Arbeitsplätze. Wer arbeitet wo? Verbinden Sie die Berufe mit den Arbeitsplätzen.

BERUF	ARBEITSPLATZ
_____ 1. Verkäuferin	a. Gymnasium
_____ 2. Arzt	b. Universität
_____ 3. Bankkauffrau	c. Büro
_____ 4. Koch	d. Krankenhaus
_____ 5. Mechanikerin	e. Restaurant
_____ 6. Professorin	f. Bank
_____ 7. Französischlehrer	g. Autogeschäft
_____ 8. Beamter	h. Post
_____ 9. Buchhalterin	i. Supermarkt

13-4 Was bin ich? Erraten Sie meinen Beruf.

1. Ich arbeite in einem Restaurant oder einem Café. Da bereite ich leckeres Essen zu. Ich koche Gemüse, Fleisch und Suppen, und manchmal backe ich auch. Was bin ich?

   _____

2. Zu mir kommen Frauen und Männer. Sie wollen schöner aussehen. Meistens sitzen sie vor einem Spiegel. Ich wasche und kämme ihnen die Haare. Manchmal schneide ich ihnen den Bart. Was bin ich? _____

3. Viele Leute kommen zu mir, wenn ihnen etwas weh tut. Sie kommen meistens nicht gern. Dann sitzen sie auf einem großen Stuhl und müssen ihren Mund öffnen. Bald haben sie keine Schmerzen mehr. Was bin ich? _____

4. Ich arbeite jeden Tag mit jungen Leuten. Obwohl ich an einer Schule arbeite, unterrichte ich nicht. Eltern rufen mich oft an. Ich beantworte das Telefon, ich schreibe Briefe, ich arbeite am Computer. Was bin ich? _____

13-5 Sprichwörter. Erklären Sie die folgenden Sprichwörter.

1. Wie die Arbeit, so der Lohn.

   _____

2. Früh übt (*practices*) sich, wer ein Meister werden will.

   _____

   _____

13-6 Was passiert? Verbinden Sie die Teile aus der linken Spalte (*column*) mit einem passenden Teil aus der rechten Spalte. Schreiben Sie logische Sätze.

BEISPIEL: wenn man Medizin studiert / Man wird Arzt.
Wenn man Medizin studiert, wird man Arzt.

1. wenn man einen Beruf lernt   Man geht zur Berufsschule.

2. wenn die Toilette kaputt geht   Man geht zur Bank.

3. wenn man kein Geld hat   Man ist selbständig.

4. wenn man nichts zu essen hat   Man hat oft Schmerzen.

5. wenn man krank wird   Man ruft den Klempner.

6. wenn man für sich selbst arbeitet   Man ist Azubi.

7. wenn man alt wird   Man kocht sich etwas.

8. wenn andere Leute für jemand arbeiten   Man bekommt eine Pension

                                         Man wird Elektriker.

                                         Man ist Arbeitgeber.

1. _____

2. _____

3. _____

4. _____

5. _____

6. _____

7. _____

8. _____

Die weiteren Schritte

The future tense

13-7 Dolores und Juanita in Wien. Schreiben Sie die folgenden Sätze in der Zukunft.

1. Am Montag kommen Dolores und Juanita in Wien an.

_____

_____

2. Zuerst machen sie einen Spaziergang durch die Stadt.

_____

_____

3. Am Abend gehen sie in die Oper.

_____

_____

4. Am nächsten Tag hört Dolores ein Konzert.

_____

_____

5. Am Donnerstag fahren sie mit einem Fiaker[1] zum Prater.[2]

_____

_____

6. Dolores und Juanita bestellen am Freitag im Café Sachertorte.[3]

_____

_____

[1]**Fiaker** - _A coach, drawn by a horse._
[2]**Prater** - _A park in Vienna._
[3]**Sachertorte** - _A chocolate torte, a Viennese specialty._

13-8 Was tun? Mehrere ausländische Studenten planen ein Semester in Zürich. Was werden sie zuerst machen? Füllen Sie die Lücken!

JIM: Ich _____ (1) zuerst eine billige Wohnung in der Stadt suchen. Was

_____ (2) du machen, Placido?

PLACIDO: Alfonso und ich kennen die Stadt nicht gut. Wir _____ (3) uns zuerst eine

Stadtkarte von Zürich kaufen.

ALFONSO: Jim, wann _____ (4) ihr mit dem Deutschkurs für ausländische Studenten

beginnen?

JIM: Placido und ich _____ (5) schon am Montag damit beginnen.

PLACIDO: Wir _____ (6) auch eine Monatskarte für den Bus kaufen.

ALFONSO: Sicher _____ (7) du dich schnell an Zürich gewöhnen.

13-9 Die Zukunft. Wie sehen Sie Ihre Zukunft? Beantworten Sie die persönlichen Fragen mit vollständigen Sätzen.

1. Was werden Sie nach dem Studium machen?

_____

2. Wohin werden Sie reisen?

_____

3. In welchem Beruf werden Sie arbeiten?

_____

4. Wo werden Sie wohnen?

_____

5. Werden Sie Kinder haben? Wie viele?

_____

13-10 Esmeralda fehlt heute. Die Studenten überlegen, wo sie wohl ist. Schreiben Sie Sätze und benutzen Sie **wohl** und **sicher.**

BEISPIEL: krank sein
Sie wird wohl krank sein.
Sie wird sicher krank sein.

1. noch im Bett liegen

_____

_____

2. Besuch haben

_____

_____

3. heute faulenzen

_____

_____

4. noch kommen

_____

_____

Infinitives and adjectives as nouns

13-11 Verben als Substantive. Bilden Sie Sätze aus den folgenden Infinitiven.

BEISPIEL: basteln.
Ich habe Basteln gern.

1. sammeln

   _____

2. joggen

   _____

3. segeln

   _____

4. essen

   _____

5. singen

   _____

13-12 Was fehlt? Geben Sie die richtigen Endungen.

1. Eine Deutsch_____ hat mir das gesagt.
2. Geben Sie dem Angestellt_____ die Papiere!
3. Die Angestellt_____ spielt auch Klavier.
4. Der Selbständig_____ leitet die Bank.
5. Die Auszubildend_____ werden bald eine Arbeit bekommen.
6. Die Deutsch_____ und die Amerikaner arbeiten schwer.

13-13 Mini-Konversationen. Geben Sie die richtige Form des Wortes in Klammern.

BEISPIEL: Sind Sie aus Salzburg, Frau Schmidt?
Nein, ich bin <u>Deutsche</u> (deutsch).

A: Kennst du Sophia?

B: Ja, Sophia kenne ich schon seit vielen Jahren. Sie ist eine _____ (1) von mir. (bekannt)

A: Kennst du auch ihren Vater?

B: Ja, natürlich. Er ist auch ein _____ (2) von mir. (bekannt)

A: Wo arbeitet Antonia?

B: Bei der Post. Sie ist dort _____ (3). (angestellt)

A: Ist sie Informatikerin?

B: Nein, sie ist _____ (4). (Beamte/Beamtin)

13-14 Reagieren Sie! Wählen Sie ein passendes Adjektiv von der Liste.

BEISPIEL: Das ist nichts _____. (wichtig)
Das ist nichts Wichtiges.

alt	neu	wichtig
gut	schön	
klein	traurig	

1. So etwas _____ habe ich noch nie gehört.

2. Oft ist das _____ noch gut.

3. In meinem Leben gibt es nicht viel _____.

4. Das _____ im Leben ist immer schön.

5. Das _____ in der Zeitung sind die Nachrichten. (Benutzen Sie hier den Superlativ.)

13-15 Wie sagt man das auf deutsch? Zwei Studenten unterhalten sich. Anna erwartet ihren Vater, aber er kommt nicht.

GABRIELLA: Where is your father?

_____

ANNA: He is probably at home. I'll bet (**Ich nehme an,**) he fell asleep while watching TV.

_____

GABRIELLA: A (male) relative of mine always does that. Too much television can be boring.

_____

_____

ANNA: I will call him tomorrow. I need money to go shopping.

_____

_____

GABRIELLA: So that's nothing new.

_____

Die letzten Schritte

13-16 Adolfo bei der Arbeit. Lesen Sie den Text und beantworten Sie die Fragen mit vollständigen Sätzen.

Adolfo Rodriguez ist 25 Jahre alt und arbeitet als Mechaniker in einer Autofabrik in Stuttgart. Die Arbeit ist schwer, aber er bekommt guten Lohn. Gewöhnlich arbeitet er sieben Stunden pro Tag. Am Abend oder nach der Arbeit trifft er sich mit Freunden. Sie trinken ein Bier und sehen fern. Während der Wochenenden spielt er in einem Sportverein Fußball.

Adolfo wohnt bei seinen Eltern, aber er möchte bald eine eigene Wohnung haben. Er spart auch Geld, damit er sich ein neues Auto und Möbel für eine Wohnung kaufen kann.

Adolfo hat fünf Wochen Urlaub im Jahr. In diesem Sommer wird er mit seiner Freundin Maria nach Italien oder Spanien fahren. Dort werden sie schwimmen und abends oft tanzen gehen.

Fragen:

1. Was wissen Sie über Adolfo Rodriguez?

_____

2. Was wissen Sie über seine Arbeit?

_____

3. Was macht er nach der Arbeit?

_____

4. Wo wohnt Adolfo?

_____

5. Wofür spart er Geld?

_____

6. Was wird Adolfo in diesem Sommer machen?

_____

13-17 Teilzeitarbeit. Lesen Sie die Anzeige und beantworten Sie die Fragen.

VOKABELHILFE

Tätigkeit = *work*
verlegen = *postpone*
Tagesschau = *evening news*
abrechnen = *balance the books*
in der Lage sein = *to be in the position*
Rechnungswesen = *auditing, accounting*
Textverarbeitung = *word processing*
Vergütung = Lohn, Gehalt

Teilzeitarbeit

Sie möchten
—den ganzen Tag für sich und Ihre Hobbys frei haben?
—Ihre berufliche Tätigkeit in die Abendstunden verlegen und bereits zur Tagesschau wieder zu Hause sein?

Dann kommen Sie in der Zeit von 16.00 Uhr bis 20.00 Uhr (Montags bis Freitags) zu uns!!

Sie sollten
—organisieren (Wiedervorlageverwaltung)
—abrechnen (vereinbarte Honorare)
—prüfen (Zahlungseingänge)
—erinnern (Mahnwesen)

können und damit in der Lage sein, unser gesamtes Rechnungswesen (außer Buchhaltung) selbständig mittels EDV (Textverarbeitung pp.) zu bearbeiten.

Dann bieten wir Ihnen u.a.
—leistungsgerechte, überdurchschnittliche Vergütung
—mehr als genug Urlaub
—nette Teamatmosphere

Wir sollten darüber reden! Schreiben Sie möglichst bald (mit Bild) an uns.

Tel: 0145/9735

1. Was möchten Sie?

_____

_____

2. Wann sollen Sie bei dieser Firma sein?

_____

3. Welche Arbeit würden Sie bei dieser Firma machen?

_____

4. Was bietet (*offers*) Ihnen diese Firma?

_____

5. Was sollen Sie mit dem Brief schicken?

_____

6. Können Sie erraten, wer die Anzeige wohl geschrieben hat?

_____

13-18 Köchin / Koch gesucht. Lesen Sie die Anzeige, und beantworten Sie die folgenden Fragen mit vollständigen Sätzen.

VOKABELHILFE

Alten- und Pflegeheim = *nursing home*
Kantinenerfahrung = *experience in a cafeteria*
Haus- u. - Hofarbeiter = *custodian*
Altersversorgung = *old age pension*
Fahrtkostenzuschuß = *travel subsidy*

Für unser Alten- und Pflegeheim suchen wir zum
sofortigen Eintritt oder später eine/n

Köchin/Koch

Kantinenerfahrung wäre von Vorteil.
Mindestalter: 21 Jahre.

Die wöchentliche Arbeitszeit beträgt 38,5
Stunden in der 5½-Tage-Woche. Die Vergütung
erfolgt nach HLT.

Ferner suche wir einen

Haus- u. Hofarbeiter
Führerschein Kl. 3 erforderlich.

Wir bieten alle Vergünstigungen des öffentlichen
Dienstes, z.B. zusätzliche Altersversorgung,
Fahrtkostenzuschuß usw.

---

1. Wer sucht eine Köchin / einen Koch?

   _____

2. Wie alt soll der Koch / die Köchin mindestens sein?

   _____

3. Wie lang ist die Arbeitszeit?

   _____

4. Wen suchen sie noch?

   _____

5. Was bietet (*offer*) die Arbeit außerdem?

   _____

13-19 Meine Arbeit. Schreiben Sie einen kurzen Aufsatz über Ihren zukünftigen Beruf.

_____

_____

_____

_____

_____

_____

_____

Kapitel 14: Der Mensch und die Medien

Die ersten Schritte

14-1 Silbenrätsel. Bilden Sie Wörter aus den folgenden Silben. Die Anfangsbuchstaben ergeben ein neues Wort.

An - ant - be - bel - cher - ei - er - fand - film - for - Ge - ge - hör - im - In - ker - kla - Kri - Laut - lich - lit - ma - me - mer - mi - Nach - nal - ni - por - rät - Re - rich - ruf - Sa - schrift - spre - ta - täg - tel - ten - ter - ti - trans - Um - welt - wor - Zeit

1. etwas zum Lesen_____

2. mehrere, nicht viele _____

3. zu jeder Zeit _____

4. jeden Tag _____

5. Man demonstriert für die _____.

6. Man hört und sieht sie abends. _____

7. Laute Musik ist schlecht für das _____.

8. Er fliegt um die Welt. _____

9. Er beantwortet das Telefon automatisch. _____

10. Davon gibt es viel im Fernsehen. _____

11. Einen Walkman kann man überall mitnehmen, er ist _____.

12. Er arbeitet mit der Elektronik. _____

13. ein spannender Film _____

14. Thomas Edison… das Telefon. _____

15. Öffentliche Sprecher benutzen ihn. _____

Neues Wort: _____

14-2 Paare. Welches Wort paßt zu welchem?

_____	1. die Zeitung	a.	die Presse
_____	2. der Bericht	b.	der Film
_____	3. die Regierung	c.	das Gehör
_____	4. das Fernsehen	d.	die CD
_____	5. das Kino	e.	die Reklame
_____	6. das Video	f.	die Videothek
_____	7. die Musik	g.	die Nachrichten
_____	8. Mickey Mouse	h.	die Kommunikation
_____	9. das Ohr	i.	schützen
_____	10. die Umwelt	j.	die Politik
_____	11. die Medien	k.	die Seifenoper
_____	12. die Werbung	l.	die Zeichentrickserie

14-3 Elektronische Geräte. Was macht man mit den folgenden Geräten? Geben Sie eine kurze Erklärung.

BEISPIEL: Fernseher
           Mit dem Fernseher kann man Filme sehen.

1. Kassettenrecorder

_____

2. Videorecorder

_____

3. Anrufbeantworter

_____

4. Telefon

_____

5. Radio

_____

6. Computer

_____

14-4 Persönliche Fragen.

1. Wie heißt Ihr liebster Kriminalfilm?

   _____

2. Welche Nachrichtensendung sehen Sie gern?

   _____

3. Welche Zeitschriften lesen Sie am liebsten?

   _____

4. Was sehen Sie im Kabelfernsehen?

   _____

5. Was für Dokumentarfilme mögen Sie?

   _____

6. Welche Kommunikationsmittel haben Sie zu Hause?

   _____

7. Welche Zeitungsartikel lesen Sie regelmäßig?

   _____

8. Sehen Sie manchmal eine Seifenoper? Welche?

   _____

9. Wie heißt Ihr Lieblingsfilm?

   _____

10. Was für Sportsendungen sehen Sie oft?

    _____

14-5 Die Welt um uns. Wählen Sie die richtigen Wörter und schreiben Sie sie in die Lücken.

1. Wenn wir Menschen weiter leben wollen, müssen wir die Umwelt _____.

   a. schützen   b. schädigen   c. beweisen

2. Das Radio bringt _____.

   a. Filme   b. Nachrichten   c. Zeitungen

3. Wer viel fernsieht, muß viel _____ haben.

   a. Politik   b. Reklame   c. Zeit

4. Fernsehen wäre besser, wenn es nicht so viel _____ gäbe.

   a. Reklame   b. Kriminalfilme   c. Programme

5. Für eine Stereoanlage sind _____ unbedingt nötig.

   a. Kopfhörer   b. Lautsprecher   c. Werbungen

6. Ein Anrufbeantworter ist wie ein _____.

   a. spannender Film   b. unpersönlicher Sekretär   c. lustiges Programm

Die weiteren Schritte

The Present tense subjunctive

14-6 Gedicht. Lesen Sie das folgende Gedicht und unterstreichen Sie die Verben im Konjunktiv (*subjunctive*).

Wenn ich ein Vöglein[1] wär(e)',   [1]*small bird*

und auch zwei Flüglein[2] hätt(e)',   [2]*little wings*

flög' ich zu dir.

Weil's aber nicht kann sein,

weil's aber nicht kann sein,

bleib' ich allhier[3].   [3]*right here*

14-7 Konjunktivformen. Schreiben Sie die fehlenden Konjunktivformen in die Tabelle.

	SEIN	HABEN	SPIELEN	FAHREN
ich	_____	hätte	_____	_____
du	wärest	_____	_____	_____
er/sie/es	wäre	_____	spielte	_____
wir	_____	_____	_____	_____
ihr	_____	_____	_____	führet
sie/Sie	wären	_____	_____	_____

Uses of the subjunctive

14-8 Ach, wenn ich nur…! Schreiben Sie Ihre Wünsche im Konjunktiv auf. Benutzen Sie die folgenden Ausdrücke.

BEISPIEL: Ich habe mehr Zeit.
    Ach, wenn ich nur mehr Zeit hätte!

1. Ich habe mehr Geld.

_____

2. Das Team spielt besser.

_____

3. Die Sportreportage ist nicht langweilig.

_____

4. Ich muß nicht aufstehen.

_____

5. Meine Eltern lesen eine andere Zeitung.

_____

6. Ich weiß etwas über die Schweiz.

_____

7. Ich kann mehr essen.

_____

8. Ich darf länger schlafen.

_____

9. Die Studentin ruft mich zurück.

_____

10. Wir schützen die Umwelt.

_____

14-9 Heino wünscht sich etwas. Machen Sie eine Wunschliste für Heino. Benutzen Sie den Konjunktiv.

BEISPIEL: eine Kreditkarte benutzen können
HEINO: Ich wünschte, ich könnte eine Kreditkarte benutzen.

1. den Pressebericht lesen können

_____

2. die internationalen Nachrichten im Radio hören können

_____

3. die Tagesschau verstehen können

_____

4. einen guten Kriminalfilm im Fernsehen sehen können

_____

5. so viele Zeitschriften nicht kaufen müssen

_____

6. den Kopfhörer benutzen dürfen

_____

7. mehr CDs haben

_____

14-10 Bei der Bank. Sagen Sie es etwas höflicher mit **würde**.

BEISPIEL: Geben Sie mir das Geld!
                Würden Sie mir bitte das Geld geben.

1. Sagen Sie mir, wo der Beamte ist!

_____

2. Wechseln Sie mir 20 Dollar!

_____

3. Geben Sie mir einen Scheck!

_____

4. Zeigen Sie mir Ihren Reisepaß!

_____

5. Unterschreiben Sie hier!

_____

6. Sagen Sir mir, wo ich das Geld bekomme!

_____

14-11 Jenny kommt zu Besuch. Füllen Sie die Lücken mit den Wörtern in Klammern. Benutzen Sie den Konjunktiv.

Liebe Jenny,

vielen Dank für Deinen Brief. Das _____ (1. sein) wirklich wunderbar, wenn Du mit Deiner Familie nach Deutschland _____ (2. kommen). Unser Haus ist groß genug, wir _____ (3. haben) genug Platz für Euch alle. Aber Ihr _____ (4. können) natürlich auch in einem Hotel übernachten. Was _____ (5. würden) Ihr gern machen? Berlin ist eine große Stadt, und es gibt viel zu sehen. Wir _____ (6. sollen) natürlich zum Zoo gehen. Ihr _____ (7. müssen) unbedingt die Gedächtniskirche (church in Berlin) und Schloß Charlottenburg sehen. Wenn Ihr Zeit _____ (8. haben), _____ (9. können) Ihr auch nach Potsdam fahren.

Die ganze Familie freut sich schon. Ruft uns an, sobald Ihr alles genau wißt. Wir _____ (10. würden) Euch natürlich vom Flugplatz abholen.

Viele Grüße!

Inge

14-12 Was täten Sie, wenn...? Beantworten Sie die folgenden Fragen im Konjunktiv.

1. Was täten Sie, wenn Sie heute frei hätten?

_____

2. Was würden Sie machen, wenn es keine Autos gäbe?

_____

3. Was würden Sie essen, wenn Sie in einem deutschen Restaurant wären?

_____

4. Was würden Sie sich kaufen, wenn Sie viel Geld hätten?

_____

5. Wie lange würden Sie schlafen, wenn Sie morgen zu Hause bleiben könnten?

_____

6. Was würden Sie machen, wenn die Sonne heute nicht schiene?

_____

The past tense subjunctive

14-13 Wann hätten Sie das gemacht? Antworten Sie mit **nein** in der Vergangenheit (*past tense*) und geben Sie eine Erklärung. Benutzen Sie die Wörter in Klammern.

BEISPIEL: Haben Sie heute die Zeitung gelesen? (früher aufstehen)
Nein, aber ich hätte sie gelesen, wenn ich früher aufgestanden wäre.

1. Sind Sie heute ins Kino gegangen? (Geld haben)

_____

2. Haben Sie die Nachrichten gehört? (Zeit haben)

_____

3. Haben Sie sich das Fernsehprogramm angesehen? (nicht müde sein)

_____

4. Fanden Sie die Zeitschriften interessant? (Fotos darin sein)

_____

5. Haben Sie mehr Kassetten gekauft? (Kassettenrecorder haben)

_____

14-14 Mini-Situationen. Antworten Sie mit einem logischen Satz. Benutzen Sie den Konjunktiv in der Vergangenheit (*past tense*).

BEISPIEL: Der Film war sehr langweilig.
Wenn wir nur nicht ins Kino gegangen wären!

1. Der Mantel war viel zu teuer.

   _____

2. Ich habe große Bauchschmerzen.

   _____

3. Das Auto ist kaputt.

   _____

4. Ich bin zu spät zum Deutschkurs gekommen.

   _____

5. Diese Sendung habe ich nicht gesehen.

   _____

6. Wir haben gestern keinen spannenden Film gesehen.

   _____

7. Ich habe die Deutschen nicht verstanden.

   _____

Review of verbs

14-15 Herrn Schneiders Lebensgeschichte. Setzen Sie die richtige Verbform ein. Benutzen Sie das Verb in Klammern.

Ich _____ (1. wohnen) jetzt schon seit 40 Jahren in Amerika. Ich _____ (2. kommen) nach Amerika, als ich erst 10 Jahre alt _____ (3. sein). Zuerst _____ (4. haben) meine Familie in New York gewohnt, aber dann _____ (5. umziehen) wir nach San Francisco _____. Ich _____ (6. besuchen) die Grundschule und die Oberschule und _____ (7. gehen) dann zur Universität. Dort _____ (8. studieren) ich Französisch und Deutsch. Ich _____ (9. heiraten [*to marry*]) eine Deutsche und wir _____ (10. wohnen) seither (*since then*) in Kalifornien. Ich _____ (11. sein) Lehrer und _____ (12. unterrichten) an einer Oberschule. In wenigen Jahren _____ (13. werden) ich nicht mehr arbeiten, dann _____ (14. wollen) meine Frau und ich auf Reisen gehen. Ich _____ (15. wünschen), wir _____ (16. haben) mehr Geld, dann _____ (17. würden) wir eine Reise um die Welt machen. Aber dafür _____ (18. haben) ich mehr arbeiten _____ (19. müssen). Aber ich _____ (20. würden) es jetzt nicht mehr anders machen, wenn ich auch _____ (21. können). Meine Frau sagt immer: « _____ (22. bleiben) gesund, das ist das Wichtigste!»

Die letzten Schritte

14-16 Zeitungsleser in der Europäischen Union. In Europa kommen auf 1000 Einwohner (*inhabitants*) durchschnittlich (*on the average*) 220 Zeitungen. Schauen Sie sich die Tabelle an und beantworten Sie die Fragen.

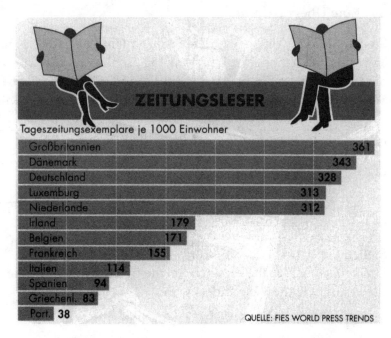

ZEITUNGSLESER

Tageszeitungsexemplare je 1000 Einwohner

Großbritannien	361
Dänemark	343
Deutschland	328
Luxemburg	313
Niederlande	312
Irland	179
Belgien	171
Frankreich	155
Italien	114
Spanien	94
Griechenl.	83
Port.	38

QUELLE: FIES WORLD PRESS TRENDS

1. In welchem Land lesen die Leute die meisten Zeitungen?

   _____

2. In welchem Land lesen die Leute die wenigsten Zeitungen?

   _____

3. Wie viele Zeitungen kommen auf 1000 Deutsche?

   _____

4. Welche deutschen Zeitungen kennen Sie?

   _____

5. Wie heißen die amerikanischen Zeitungen, die Sie lesen?

   _____

14-17 Eine Überraschung.

1. Stellen Sie sich vor, Sie würden erfahren (*find out*), daß es im nächsten Monat einen extra freien Tag gäbe. Sie haben jetzt Zeit, den Tag zu planen. Wie würden Sie den Tag verbringen? Würden Sie lange schlafen? Würden Sie mit Freunden tanzen gehen? Zum Strand (*beach*) fahren? Schreiben Sie fünf Ideen auf, wie Sie den Tag verbringen würden.

   a. _____

   b. _____

   c. _____

   d. _____

   e. _____

2. Stellen Sie sich vor, Sie wären im Jahr 2200 geboren. Wie würde die Welt aussehen? Wäre die Umwelt sauber? Gäbe es noch Reiche und Arme? Wie sähe Ihre Wohnung aus? Schreiben Sie fünf Ideen auf, wie die Welt anders wäre.

   a. _____

   b. _____

   c. _____

   d. _____

   e. _____

Jetzt wählen Sie sich eins von den Themen – Nummer 1 oder Nummer 2 – und schreiben Sie einen kurzen Aufsatz darüber. Benutzen Sie **würde** + Infinitiv, Sätze mit Konjunktionen, Relativsätze usw.

_____

_____

_____

_____

_____

_____

_____

_____

Kapitel 15: Mann und Frau in der modernen Gesellschaft

Die ersten Schritte

15-1 Wörter. Geben Sie die fehlenden Wörter! Schreiben Sie sie auf.

1. Ein sehr kleines Kind ist ein _____.

2. Wir wollen für Mann und Frau _____.

3. Protestantismus ist eine _____.

4. Deutsch und Französisch sind _____.

5. Mann und Frau sind ein _____.

6. anders machen _____

7. Die deutsche Verfassung heißt _____.

8. Eine Frau, die ein Baby erwartet, ist _____.

9. liebevoll _____

10. Menschen, die arbeiten, sind _____.

11. nicht schmutzig, sondern _____

12. nicht mehr leben, sondern _____

15-2 Wörter im Kontext. Was bedeuten diese Wörter? Benutzen Sie jedes Wort in einem Satz.

BEISPIEL: Ehe
In einer Ehe sind zwei Leute miteinander verheiratet.

1. Kindergarten _____

2. Vorurteil _____

3. Wirklichkeit _____

4. aufgeben _____

5. lieben _____

6. gleichberechtigt _____

7. selbstbewußt _____

8. Unterschied _____

9. fremd _____

10. sauber _____

15-3 Ausdrücke. Wie sagt man auf deutsch…

1. You (*formal*) can easily do it.

_____

2. On average, women work harder than men.

_____

3. Everyone is exposed to the environment.

_____

4. If I were you (*formal*), I would do things differently.

_____

5. Don't worry!

_____

15-4 Antonyme. Geben Sie das Gegenteil (*opposite*) zur jedem Wort.

1. bekannt   _____

2. sauber   _____

3. schnell   _____

4. faul   _____

5. leicht   _____

6. nicht arbeiten   _____

7. tolerant sein   _____

8. geschieden   _____

9. verboten   _____

10. privat   _____

15-5 Wer macht den Haushalt? Sehen Sie sich die Tabelle an, und beantworten Sie die Fragen!

VOKABELHILFE

Aufgabenverteilung = *division of responsibilities*
Kinderbetreuung = *child care*
Behördengänge = *visits to governmental offices*
Kasse = *finances*
«ausboxen» = *work out differences*

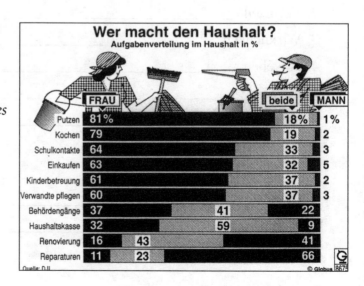

Wer macht den Haushalt?
Aufgabenverteilung im Haushalt in %

	FRAU	beide	MANN
Putzen	81%	18%	1%
Kochen	79	19	2
Schulkontakte	64	33	3
Einkaufen	63	32	5
Kinderbetreuung	61	37	2
Verwandte pflegen	60	37	3
Behördengänge	37	41	22
Haushaltskasse	32	59	9
Renovierung	16	43	41
Reparaturen	11	23	66

Quelle: DJI   © Globus 8675

1. Welche Arbeiten machen vor allem die Frauen?

_____

_____

2. Welche Arbeit machen meistens die Männer?

_____

3. Welche Arbeit machen beide?

_____

4. Wer macht die meiste Arbeit im Haus?

_____

Die weiteren Schritte

Constructions with *man, sich lassen* + infinitive and *sein* + *zu* + infinitive

15-6 Der Mann oder man? Füllen Sie die Lücken mit **man** oder (der) **Mann**.

1. _____ muß versuchen, fit zu sein.
2. Um welche Zeit sollte _____ kommen?
3. _____ und Frau sollen gleichberechtigt sein.
4. _____ ist, was _____ ißt.
5. Wenn _____ müde ist, soll _____ schlafen.
6. Ist _____ dort der Professor?

15-7 Minikonversationen. Läßt sich das machen? Beantworten Sie die Fragen mit **nein** und mit **sich lassen** + Infinitiv.

BEISPIEL: ANNY: Kannst du das Auto reparieren?
JOE: Nein, das läßt sich nicht reparieren.

ANNA: Kannst du das Problem lösen?

EDDY: Nein, _____

AYO: Kannst du den Haushalt allein machen?

SCOTT: Nein, _____

STUDENT: Können Sie die Zeit für die Prüfung ändern?

PROFESSOR: Nein, _____

MAGGIE: Kann man die Professorin unterbrechen?

JIM: Nein, _____

PETER: Können wir die Vorurteile beseitigen?

TRUDY: Nein, _____

LORY: Kann man an diesem Gesetz etwas ändern?

JOHN: Nein, _____

EVELINE: Können wir diese Fehler verbessern?

ANDREA: Nein, _____

JANET: Kannst du mir diese Situation erklären?

JAY: Nein, _____

BERNARD: Kann man die Tür schließen?

EMILY: Nein, _____

15-8 Antonia und Margo gehen ins Theater. Beantworten Sie Antonias Fragen mit **ja** oder **nein** und mit der richtigen Form von **sein** + **zu** + Infinitiv.

BEISPIEL: ANTONIA: Kann man das Theater leicht finden? (ja)
MARGO: Ja, das Theater ist leicht zu finden.

ANTONIA: Kann man das Theater mit der Straßenbahn erreichen (*to reach*)? (ja)

MARGO: _____

ANTONIA: Könnten wir vorher Karten kaufen? (ja)

MARGO: _____

ANTONIA: Können wir noch gute Karten bekommen? (ja)

MARGO: _____

ANTONIA: Können wir das Theaterstück leicht verstehen? (ja)

MARGO: _____

15-9 Eine Weltreise. Herr und Frau Major planen eine Reise um die Welt. Was ist noch zu machen? Vervollständigen (*complete*) Sie die Liste.

1. Der Reisepaß ist noch zu besorgen.

2. Die Koffer sind noch zu packen.

3. _____

4. _____

5. _____

6. _____

7. _____

8. _____

Nouns

15-10 Männer und Frauen in unserer Gesellschaft. Füllen Sie die Lücken mit den richtigen Artikeln und Endungen.

D___ (1) Welt ändert sich täglich, und Männ___ (2) und Frau___ (3) nehmen ein___ (4) neu___ (5)

Platz in d__ (6) Gesellschaft ein. Früher arbeitete d___ (7) Mann außerhalb d___ (8) Haus___ (9),

und d___ (10) Frau blieb zu Hause und versorgte d___ (11) Kind___ (12). Männer konnten studieren,

allein reisen und überall arbeiten. D__ (13) Frau hatte dies___ (14) Möglichkeiten nicht. Wenn ein___

(15) Frau nicht heiratete, dann blieb sie gewöhnlich bei ihr___ (16) Eltern und zog später zu ein___

(17) verheiratet___ (18) Bruder oder ein___ (19) verheiratet__ (20) Schwester.

　　　Heute gibt es kaum noch Unterschiede zwischen Männer___ (21) und Frau___ (22). Sie

haben die gleich___ (23) Möglichkeiten wie d___ (24) Männer. Sie können studieren, allein reisen,

und alle Berufe stehen ihn___ (25) offen. Manchmal ist es sogar besser, ein___ (26) Frau zu sein.

15-11 Weißt du, wer das ist? Sarah und Eric sind auf einer Party und wollen wissen, wer die anderen sind. Lesen Sie die Konversation und setzen Sie die Wörter in Klammern ein.

SARA: _____ _____ (1. *the man*) dort heißt Edgar Kahlau. Er ist verheiratet und

hat einen Sohn. _____ _____ (2. *the boy*) ist 5 Jahre alt und heißt

Alexander.

ERIC: Ja, ich kenne die Kahlaus. Sie sind eine nette Familie. Aber kennst du _____

_____ (3. *the male student*)? Er ist _____ (4. *German*) und

studiert hier an der Universität.

SARA: Ich kenne ihn, aber ist er wirklich _____ (5. *student*)? Ich glaube, er

arbeitet in einem Labor.

ERIC: Vielleicht hast du recht. Siehst du _____ _____ (6. *the American*) dort? Er ist

groß und schlank.

SARA: Ja, ich sehe ihn. Ist er nicht _____ (7. *tourist*)?

ERIC: Nein, er ist _____ _____. (8. *not a tourist*). Er besucht _____

_____ (9. *an employee*) bei einer Firma hier in Freiburg.

15-12 Der, die oder das? Ordnen Sie die folgenden Substantive in die richtige Kategorie.

Anruf	Kleidchen	Schuh	Überraschung
Bericht	Kleidung	Schwerhörigkeit	Verbot
Fußball	Lärm	Schwesterlein	Vorurteil
Gesundheit	Lautsprecher	Sendung	Wald
Haushalt	Nachricht	Stündchen	Welt
Hündchen	Orientierung	Tierchen	Werbung
Kamm	Referat	Tischchen	Wissenschaft
Kindchen			Wunsch

MASKULIN	**FEMININ**	**NEUTRUM**
_____	_____	_____
_____	_____	_____
_____	_____	_____
_____	_____	_____
_____	_____	_____
_____	_____	_____
_____	_____	_____
_____	_____	_____

Review of relative clauses and pronouns

15-13 Menschen und ihre Wünsche. Bilden Sie einen Satz aus den folgenden zwei Sätzen.

> Hier ist das Kind. Wir brauchen eine Kindertagesstätte für das Kind.
> Hier ist das Kind, für das wir eine Kindertagesstätte brauchen.

1. Da sind der Mann und die Frau. Wir möchten ihr Haus kaufen.

   _____

   _____

2. Wir suchen einen Kindergarten. Unser Kind kann zu dem Kindergarten gehen.

   _____

   _____

3. Hans möchte sich ein Auto leihen. Er kann damit nach Frankfurt fahren.

   _____

   _____

4. Peter kann das Kino nicht finden. Im Kino spielt ein guter Film.

   _____

   _____

5. Ich suche den Mann. Ich traf ihn gestern im Geschäft.

   _____

   _____

6. Wo ist die Frau? Sie hat uns eben drei Briefe gebracht.

   _____

   _____

7. Die CD ist nicht zu finden. Sie gehört meinem Freund.

   _____

   _____

8. Hier ist das Mathematikbuch. Es gehört dem Studenten.

   _____

   _____

Die letzten Schritte

15-14 Wer sucht wen? Sehen Sie sich die Zeitungsannoncen an. Welche Substantive und welche Adjektive beschreiben die Personen, die inseriert (*advertised*) haben, und die Personen, die sie suchen? Machen Sie eine Liste.

Wir zwei: Alleinerz. Mutter, 32/166, m. Sohn, 10J. suchen treuen, ehrlichen Mann bis 40 Jahre, der immer zu uns steht. □ 13/1616356

Liebes, weibl. Wesen, 23 J. lange dunkle Haare, grüne Augen, schlank, anschmiegsam, zuverlässig u. treu, würde sich gerne wieder verlieben. Wo ist er, dieser Beschützermann mit Herz u. Verstand? ✉ 11/1616309

Welche seriöse Frau bis 50 Jahre schenkt einem einsamen alleinstehenden Mann ihre Zuneigung? Zuschriften mit Telefonnummer erbeten. ✉ 11/173598

Sommer, Sonne ... Langeweile? Muß nicht sein! Netter Mann, Anfang 30, freut sich schon auf gemeinsame Aktivitäten - Sport, Theater etc. - Wer ist interessiert? Raum Wiesbaden. ✉ an diese Zeitung unter A. 43-1734489

Bin 50 Jahre und die Welt ist eigentlich in Ordnung und doch fehlt mir für die schönen Stunden des Lebens ein Partner. Sie sollten Niveau haben. Schreiben Sie mir unter Z 41-164558 an diese Zeitung.

Suche passende Partnerin mit Niveau! Wer? Bin selbstbewußt, attraktiv, sportlich, 39 Jahre, 1,85 m, ungebunden, finanziell unabhängig, spontan, flexibel. Zuschriften - evtl. mit Bild - an diese Zeitung unter Z 43-17340

Attraktiv, sportlich, gesund, ungebunden, 25 bin ich. So soll auch mein Partner sein. Zuschriften evtl. mit Bild an diese Zeitung unter A 16-662975.

---

1. Die Personen, die inseriert haben

SUBSTANTIVE

_____

_____

_____

_____

ADJEKTIVE

_____

_____

_____

_____

2. Der gesuchte Partner / Die gesuchte Partnerin

SUBSTANTIVE

_____

_____

ADJEKTIVE

_____

_____

15-15 Suchen Sie auch einen Partner? Schreiben Sie eine Annonce (*ad*), in der Sie einen Partner suchen. Beschreiben Sie zuerst sich selbst, dann den gesuchten Partner.

_____

_____

_____

_____

_____

_____

_____

_____

15-16 Gleichberechtigung in meiner Familie? Sehen Sie sich noch einmal Übung 15-5 an. Wie ist es in Ihrer Familie? Gibt es Gleichberechtigung zwischen Männern und Frauen/Jungen und Mädchen? Wer macht was? Schreiben Sie einen kurzen Aufsatz.

_____

_____

_____

_____

_____

_____

_____

_____

Lab Manual

Kapitel 1: Grüß dich! Ich heiße...

Gespräche

1-1 Hören Sie zu! Listen carefully to the recorded conversations in **Schritt 1** from your textbook.

1-2 Hören Sie zu! Listen carefully to the conversations in **Schritt 2**.

1-3 Hören Sie zu! Listen carefully to the conversations in **Schritt 3**.

1-4 Das Alphabet. The German alphabet contains the same twenty-six letters as the English alphabet. Listen carefully and repeat each one after the speaker.

There are also four additional letters. Repeat them after the speaker.

1-5 Hören Sie zu! Listen carefully to the recorded conversations in **Schritt 5**.

1-6 Wiederholen Sie! You will now hear the conversation from **Schritt 7**. It will be read twice. The first time, just listen. The second time, repeat each phrase in the pause provided.

Aussprache

The diphthongs *ie* and *ei*

The diphthong **ie** is pronounced [ee], as in the girl's name *Marie*. The diphthong **ei** is pronounced as in *Eisenhower*.

1-7 Die *ie*-Laute. Now practice the **ie** sounds. Repeat each word after the speaker. Remember: **ie** = *Marie*.

vier	sieben	geschrieben	Lieselotte
Riesling	dieser	lieber	schiebt
siebzig	siebzehn	Liebe	Diebe
Friede	Wien	Kiel	

1-8 Die *ei*-Laute. Now practice the ei sounds. Repeat each word after the speaker. Remember: **ei** = *Eisenhower*.

eins	zwei	drei	einen	Hein(e)rich
Schmetterling	Elfenbein	streiten	Wein	sein
mein	dein	kein	fein	klein
Keil				

1-9 *Ei* **und** *ie.* Now practice these sounds in pairs. Repeat each pair after the speaker.

ei	ie
drei	vier
Wein	Wien
Keil	Kiel
bleiben	blieben
heißen	hießen

1-10 *Ei* **oder** *ie?* You will hear a series of words. Circle **ei** or **ie** to indicate which sound you hear. You can check your answers with the *Lab Manual Answer Key.*

1. ei	ie		6. ei	ie	
2. ei	ie		7. ei	ie	
3. ei	ie		8. ei	ie	
4. ei	ie		9. ei	ie	
5. ei	ie		10. ei	ie	

1-11 Versuch's mal! Now you will hear the poem from the **Versuch's mal!** section of your textbook. You will hear the complete poem once; listen carefully, following along in your book if you prefer. You will then hear the first verse again, with pauses. Repeat each phrase after the speaker.

1-12 Zungenbrecher (*tongue twister*)**.** You will hear a tongue twister. It will be read twice. The first time, just listen. The second time, repeat each phrase during the pause.

Meine Mutter möchte mit meiner Mieze meine Mäuse mästen.

Strukturen

Subject pronouns

1-13 Pronomen. You will hear a series of statements. Replace the subject of each statement with a pronoun. You will then hear the correct answer. Repeat the correct answer after the speaker.

BEISPIEL: YOU HEAR: Die Frau kommt aus Deutschland.
              YOU SAY: Sie kommt aus Deutschland.
              YOU HEAR: Sie kommt aus Deutschland.
              YOU SAY: Sie kommt aus Deutschland.

1. ---
2. ---
3. ---
4. ---
5. ---
6. ---
7. ---
8. ---

Present tense

1-14 Neue Sätze. You will hear a series of statements, each followed by a pronoun. Substitute the pronoun to form a new sentence. You will then hear the correct answer . Repeat the correct answer after the speaker.

BEISPIEL: YOU HEAR: Ich heiße Peter. (du)
                YOU SAY: Du heißt Peter.
               YOU HEAR: Du heißt Peter.
                 YOU SAY: Du heißt Peter.

1. ---	4. ---
2. ---	5. ---
3. ---	6. ---

1-15 Verb und Pronomen. You will hear a series of verbs, each followed by a pronoun. Give the correct ending of the verb. You will then hear the correct answer. Repeat the correct answer after the speaker.

BEISPIEL: YOU HEAR: kommen/ich
                YOU SAY: ich komme
               YOU HEAR: ich komme
                 YOU SAY: ich komme

1. ---	6. ---
2. ---	7. ---
3. ---	8. ---
4. ---	9. ---
5. ---	10. ---

1-16 Ein neues Verb. You will hear a series of statements, each followed by a verb. Substitute the verb in the sentence. You will then hear the correct answer. Repeat the correct answer after the speaker.

BEISPIEL: YOU HEAR: Frau Sommer wohnt in Leipzig. (sein)
                YOU SAY: Frau Sommer ist in Leipzig.
               YOU HEAR: Frau Sommer ist in Leipzig.
                 YOU SAY: Frau Sommer ist in Leipzig.

1. ---	5. ---
2. ---	6. ---
3. ---	7. ---
4. ---	8. ---

1-17 Singular oder Plural? You will hear a series of statements. Circle **S**, **P**, or either to indicate whether each statement is singular or plural, or whether it could be either singular or plural. Each sentence will be read twice. You can check your answers with the *Lab Manual Answer Key*.

1. S	P	either		4. S	P	either
2. S	P	either		5. S	P	either
3. S	P	either				

1-18 Fragen. You will hear a series of questions. Give a positive answer in a complete sentence. You will then hear the correct answer. Repeat the correct answer after the speaker.

BEISPIEL: YOU HEAR: Du heißt Peter, nicht wahr?
YOU SAY: Ja, ich heiße Peter.
YOU HEAR: Ja, ich heiße Peter.
YOU SAY: Ja, ich heiße Peter.

1. ---
2. ---
3. ---
4. ---
5. ---

Hörverständnis

1-19 Diktat: Ein Telegramm. You will hear a short paragraph. It will be read once in its entirety, then again with pauses. Use the pauses to write what you have heard. You may rewind the tape to listen as often as needed.

_____

_____

_____

_____

_____

_____

1-20 Eine Party. You are planning to give a party with a friend, and she wants to give you some names and phone numbers of people to call and invite. She has left a message on your answering machine. Listen to the message and jot down the numbers you hear. You can check your answers with the *Lab Manual Answer Key.*

Alexandra: _____

Alex: _____

Michelle: _____

Oliver: _____

Was ist Karls Problem? _____

1-21 Ein Gespräch. It is the first day of classes, and a German student is introducing himself to you. He will mention certain facts about himself, then ask you questions. Answer in complete sentences. You may stop the tape while you answer aloud.

Gespräche

2-1 Hören Sie zu! Listen carefully to the recorded conversation in **Schritt 5** from your textbook.

2-2 Wiederholen Sie! Now listen again to the conversation and repeat each phrase during the pause provided.

Aussprache

The *ch*-sound

English speakers need to give special attention to the so-called back **ch** and front **ch**. Listen carefully to the tapes. The back **ch** is produced in the back of the mouth. It is usually preceded by an **a, o, u,** or **au**; the front **ch**, produced in the front of the mouth, is preceded by any letter other than **a, o, u, au,** or **s**. The front **ch** is similar to English *h* in *Hugh*.

2-3 Der *ach*-Laut. Practice the back **ch**. Repeat each word after the speaker.

nach	hoch
auch	kochen
machen	suchen
Sachen	Kuchen

2-4 Der *ich*-Laut. Now practice the front **ch**. Repeat each word after the speaker.

nicht	echt
schlecht	lächeln
ich	Köchin
Schwäche	Architekt

When the **ch** is part of the **-chen** suffix, it is pronounced like the front **ch**. Repeat after the speaker:

Mädchen
Liebchen
Hündchen
Häuschen

2-5 *Ach-* oder *ich-***Laut?** You will hear a series of words with either the back or front **ch** sound. Repeat each word after the speaker, then circle back **ch** or front **ch** to indicate which sound you heard.

1. back **ch**   front **ch**
2. back **ch**   front **ch**
3. back **ch**   front **ch**
4. back **ch**   front **ch**
5. back **ch**   front **ch**
6. back **ch**   front **ch**

2-6 Die *ch*+*s*-Laute. If the **ch** is followed by an **s**, it is pronounced almost like English *x*. Repeat each word after the speaker.

> sechs
> Lachs

2-7 Versuch's mal! Now you will hear the passage from the **Versuch's mal!** section of your textbook. You will hear the complete passage once; listen carefully, following along in your book if you prefer. You will then hear a portion of it again, with pauses. Repeat each phrase after the speaker.

2-8 Zungenbrecher. You will hear a tongue twister. It will be read twice. The first time, just listen. The second time, repeat each phrase during the pause.

> Ach, mach doch endlich einen Kuchen in der Küche.

Strukturen

Nouns

2-9 Pronomen. You will hear a series of statements. Replace the subject of each statement with a pronoun. You will then hear the correct answer. Repeat the correct answer after the speaker.

BEISPIEL: YOU HEAR: Die Telefonnummer ist 38 45 90.
                YOU SAY: Sie ist 38 45 90.
                YOU HEAR: Sie ist 38 45 90.
                YOU SAY: Sie ist 38 45 90.

1. ---   3. ---
2. ---   4. ---

2-10 Singular oder Plural? You will hear a series of nouns. Circle **S** or **P** to indicate whether the word is singular or plural.

1. S	P		6. S	P
2. S	P		7. S	P
3. S	P		8. S	P
4. S	P		9. S	P
5. S	P		10. S	P

The Nominative case

2-11 Der bestimmte *(definite)* **Artikel.** You will hear a series of words in the plural. For each one, give the singular form, both noun and article. You will then hear the correct answer. Repeat the correct answer after the speaker.

BEISPIEL:	YOU HEAR:	Kinder
	YOU SAY:	das Kind
	YOU HEAR:	das Kind
	YOU SAY:	das Kind

1. ---	5. ---
2. ---	6. ---
3. ---	7. ---
4. ---	8. ---

2-12 Der unbestimmte *(indefinite)* **Artikel.** You will hear a series of nouns with their definite article. Repeat each noun with its indefinite article. You will then hear the correct answer. Repeat the correct answer after the speaker.

1. ---	5. ---
2. ---	6. ---
3. ---	7. ---
4. ---	8. ---

2-13 Das Subjekt. You will hear a series of statements, each read twice. Say who or what the subject of each sentence is. You will then hear the correct answer.

1. ---	4. ---
2. ---	5. ---
3. ---	6. ---

2-14 Possessive Adjektive. You will hear a series of statements, each followed by a pronoun. Use the pronoun to form a possessive adjective, and insert it into the sentence. You will then hear the correct answer. Repeat the correct answer after the speaker.

BEISPIEL: YOU HEAR: Meine Großmutter wohnt in Amerika. (er)
           YOU SAY: Seine Großmutter wohnt in Amerika.
          YOU HEAR: Seine Großmutter wohnt in Amerika.
           YOU SAY: Seine Großmutter wohnt in Amerika.

1. ---
2. ---
3. ---

4. ---
5. ---
6. ---

Word order

2-15 Nein…! One student is telling another student about their friends, but he is not always right. After each sentence you will hear a cue. Use the cue to reply to each statement; begin your reply with the cued word. You will then hear the correct answer. Repeat the correct answer after the speaker.

BEISPIEL: YOU HEAR: Hans geht heute in die Stadt. (morgen)
         YOU SAY: Nein, morgen geht Hans in die Stadt.
        YOU HEAR: Nein, morgen geht Hans in die Stadt.
         YOU SAY: Nein, morgen geht Hans in die Stadt.

1. ---
2. ---

3. ---
4. ---

2-16 *Nicht* oder *kein*. You will hear a series of questions. Answer each one in the negative, using ***nicht*** or ***kein***. You will then hear the correct answer. Repeat the correct answer after the speaker.

1. ---
2. ---
3. ---
4. ---

5. ---
6. ---
7. ---
8. ---

2-17 Richtig oder falsch? You will hear several statements. Correct the sentences that are not true for you by adding **nicht** or **kein**. If the sentence is true for you, simply repeat it after the speaker, beginning with **Ja, …** You will then hear both possible answers.

BEISPIEL: YOU HEAR: Ich koche gern.
         YOU SAY: Nein, ich koche nicht gern. OR
                 Ja, ich koche gern.

1. ---
2. ---
3. ---

4. ---
5. ---
6. ---

Proper names showing possession

2-18 Fragen. Susanne wants to know something about her new friend Lisa. Answer her questions, using the cue provided. You will then hear the correct answer. Repeat the correct answer after the speaker.

BEISPIEL: YOU HEAR: Heißt Lisas Kusine Petra? (ja)
  YOU SAY: Ja, Lisas Kusine heißt Petra.
  YOU HEAR: Ja, Lisas Kusine heißt Petra.
  YOU SAY: Ja, Lisas Kusine heißt Petra.

1. --- 3. ---
2. --- 4. ---

Hörverständnis

2-19 Diktat: Mein Klassenzimmer. You will hear a short paragraph. It will be read once in its entirety, then again with pauses. Use the pauses to write what you have heard. You may rewind the tape to listen as often as needed.

_____

_____

_____

_____

_____

2-20 Familienphotos. Two students, Brigitte und Rolf, are showing each other pictures of their families. Listen to their conversation, then complete the chart. You may rewind the tape to listen as often as needed.

NAMEN

Rolfs Schwester _____

Rolfs Bruder _____

Brigittes Schwestern _____

Brigittes Bruder _____

	OFT VERLIEBT	VERLOBT	VERHEIRATET
Brigittes Geschwister	_____	_____	_____

2-21 Persönliche Fragen. You will hear five questions about yourself and your family. Answer them truthfully, in complete sentences. You may stop the tape as you respond aloud.

1. ---

2. ---

3. ---

4. ---

Gespräche

3-1 Hören Sie zu! Listen carefully to the recorded conversation in **Schritt 4** from your textbook.

3-2 Hören Sie zu! Listen carefully to the recorded conversation in **Schritt 5** from your textbook.

3-3 Wiederholen Sie! Now listen again to the conversation from **Schritt 5** and repeat each phrase during the pause provided.

Aussprache

The *w*-sound

The German **w**-sounds like the English *v*.

3-4 Der *w*-Laut. Repeat each word after the speaker.

Wind	wohin
Wasser	weiß
wer	wissen
wollen	was

3-5 *F*- oder *w*-Laut? You will hear a series of words. Decide whether they contain an **f** or a **w** and circle the appropriate letter.

1. f	w		6. f	w	
2. f	w		7. f	w	
3. f	w		8. f	w	
4. f	w		9. f	w	
5. f	w		10. f	w	

3-6 Versuch's mal! Now you will hear a series of tongue twisters from the **Versuch's mal!** section of your textbook. You will hear them twice; the first time, just listen, following along in your book if you prefer. The second time, repeat each phrase after the speaker.

Strukturen

The verb *haben*

3-7 Hast du...? Several students are telling what their friends have in their rooms. Use the cues to form statements with the appropriate form of **haben**. You will then hear the correct answer. Repeat the correct answer after the speaker.

BEISPIEL: YOU HEAR: Klaus/einen CD-Spieler und ein Radio

YOU SAY: Klaus hat einen CD-Spieler und ein Radio.

1. ---
2. ---
3. ---

4. ---
5. ---
6. ---

The accusative case

3-8 Wer hat was? You will hear a series of names and objects. For each pair, form a complete sentence. You will then hear the correct answer. Repeat the correct answer after the speaker.

BEISPIEL: YOU HEAR: Peter/die Lampe

YOU SAY: Peter hat die Lampe.

1. ---
2. ---
3. ---
4. ---

5. ---
6. ---
7. ---
8. ---

3-9 Was brauchen sie noch? Several students are furnishing their apartment. You will hear a number of items that they might need. For each name and item, form a complete sentence. Use the indefinite article. You will then hear the correct answer. Repeat the correct answer after the speaker.

BEISPIEL: YOU HEAR: Hans/das Buch

YOU SAY: Hans braucht ein Buch.

1. ---
2. ---
3. ---

4. ---
5. ---
6. ---

3-10 Was gibt es im Zimmer? You will hear a series of items. For each one, say that it is in your room. You will then hear the correct answer. Repeat the correct answer after the speaker.

BEISPIEL: YOU HEAR: Bett
              YOU SAY: Ja, es gibt ein Bett.

1. ---
2. ---
3. ---
4. ---

5. ---
6. ---
7. ---
8. ---

3-11 Für Freunde und Familie einkaufen (*shopping*). You will hear a series of names and of items you must buy. For each pair, form a complete sentence. You will then hear the correct answer. Repeat the correct answer after the speaker.

BEISPIEL: YOU HEAR: Mutter/eine Zeitung
              YOU SAY: Für meine Mutter kaufe ich eine Zeitung.

1. ---
2. ---
3. ---
4. ---

5. ---
6. ---
7. ---
8. ---

3-12 Wer braucht wen? You will hear a series of English sentences. Give the German equivalent. You will then hear the correct answer. Repeat the correct answer after the speaker. Use the **du** form for you, unless the speaker tells you otherwise.

1. ---
2. ---
3. ---
4. ---

5. ---
6. ---
7. ---

3-13 *Durch, für, gegen, ohne, um.* You will hear a series of incomplete statements. Each will be read twice. Circle the correct preposition that correctly completes the statement.

1. durch	gegen	für
2. durch	um	gegen
3. ohne	für	gegen
4. durch	für	gegen
5. für	gegen	um
6. durch	ohne	um

Modal verbs and the verb form *möchte*

3-14 *Wollen, können, möchten.* You will hear a series of sentences, each followed by a verb. Replace the verb in the sentence with the appropriate form of the new verb. You will then hear the correct answer. Repeat the correct answer after the speaker.

BEISPIEL: YOU HEAR: Die Frau braucht einen Kuli. (wollen)
                YOU SAY: Die Frau will einen Kuli.

1. ---   4. ---
2. ---   5. ---
3. ---

3-15 Noch einmal Modalverben. You will hear a series of sentences, each followed by a verb. Insert the new verb into the sentence. You will then hear the correct answer. Repeat the correct answer after the speaker.

BEISPIEL: YOU HEAR: Ich kaufe einen Computer. (wollen)
                YOU SAY: Ich will einen Computer kaufen.

1. ---   3. ---
2. ---   4. ---

Verbs with stem-vowel changes

3-16 Verbformen. You will hear a series of statements, each followed by a noun or a pronoun. Substitute the noun or pronoun to form a new sentence. You will then hear the correct answer. Repeat the correct answer after the speaker.

BEISPIEL: YOU HEAR: Ich lese gern die Zeitung. (du)
                YOU SAY: Du liest gern die Zeitung.

1. ---   5. ---
2. ---   6. ---
3. ---   7. ---
4. ---   8. ---

Hörverständnis

3-17 Diktat: Eine deutsche Studentin. You will hear a short paragraph about a German student. It will be read once in its entirety, then again with pauses. Use the pauses to write what you have heard. You may rewind the tape to listen as often as needed.

_____

_____

_____

_____

_____

_____

_____

3-18 Was Andreas möchte. You will hear a conversation in which two students, Karin and Andreas, discuss their housing situations. Listen carefully, then complete the chart. You may rewind the tape to listen as often as needed.

KARIN HAT	KARIN MÖCHTE	ANDREAS MÖCHTE
_____	_____	_____
_____	_____	_____
_____	_____	_____
_____	_____	_____
_____	_____	_____

3-19 Noch ein Gespräch. You have just run into the German student whom you met earlier on campus. Answer his questions in complete sentences. You may stop the tape while you answer aloud. Wait for a long pause before stopping the tape.

Kapitel 4: Tagaus, tagein

Gespräche

4-1 Hören Sie zu! Listen carefully to the recorded conversation in **Schritt 4** from your textbook.

4-2 Wiederholen Sie! Now listen again to the conversation and repeat each phrase during the pause provided.

Aussprache

The *r*-sound

4-3 Der *r*-Laut am Anfang. Practice the letter **r** at the beginning or in the middle of a word. Repeat each word after the speaker.

richtig	Rita
Rock	brauchen
Rose	bringen
Rolf	fahren
Rollschuh	Türen

When the German **r** is at the end of a word, it is hardly pronounced at all and seems to disappear. You might think of the British pronunciation of *here*: hee-ah.

4-4 Der *r*-Laut am Ende. Repeat each word after the speaker.

Vater	Mutter
Bruder	Kinder
Schwester	vier
fährt	Tier

4-5 Versuch's mal! Now you will hear the poem from the **Versuch's mal!** section of your textbook. You will hear the complete poem once; listen carefully, following along in your book if you prefer. You will then hear the first two verses again, with pauses. Repeat each phrase after the speaker.

4-6 Zungenbrecher. You will hear a tongue twister. It will be read twice. The first time, just listen. The second time, repeat each phrase during the pause.

Die Katze zerkratzt mit ihrer Tatze die Matratze; die Matratze zerkratzt die Katze mit ihrer Tatze.

Strukturen

The dative case

4-7 Weihnachten (*Christmas*). What do you plan to give to the following people? You will hear a series of questions, each followed by a noun. Use the noun to reply to the question. You will then hear the correct answer. Repeat the correct answer after the speaker.

BEISPIEL: YOU HEAR: Was schenken Sie Ihrem Vater? (ein Poster)
              YOU SAY: Ich schenke meinem Vater ein Poster.

1. ---   5. ---
2. ---   6. ---
3. ---   7. ---
4. ---

4-8 Woher kommen sie? You will hear a series of statements with prepositional objects, followed by a new noun. Substitute the noun in the prepositional phrase. You will then hear the correct answer. Repeat the correct answer after the speaker.

BEISPIEL: YOU HEAR: Ich komme aus der Schule. (das Haus)
              YOU SAY: Ich komme aus dem Haus.

1. ---   4. ---
2. ---   5. ---
3. ---

4-9 *Glauben, danken, gehören.* You will hear a series of questions. Answer each one, using the cue provided. You will then hear the correct answer. Repeat the correct answer after the speaker.

BEISPIEL: YOU HEAR: Wem gehört das Buch? (ihre Schwester)
              YOU SAY: Das Buch gehört ihrer Schwester.

1. ---   4. ---
2. ---   5. ---
3. ---   6. ---

4-10 Pronomen. You will hear a series of statements, each read twice. For each one, circle the person or thing to which the pronoun refers.

BEISPIEL: YOU HEAR: Der Rechtsanwalt braucht ihn.
              YOU SEE: ein Schreibtisch, ein Poster
            YOU CIRCLE: ein Schreibtisch (since **ihn** refers to a masculine noun: **der Schreibtisch**)

1. ein Bücherregal   eine Landkarte   5. eine Kamera   ein Ball

2. das Kind   die Familie   6. der Verkäufer   die Verkäuferin

3. die Kinder   ihr Sohn   7. der Bleistift   die Kreide

4. der Professor   die Professorin

4-11 Geburtstag. You will hear a series of questions. Answer them positively, using pronouns instead of nouns. You will then hear the correct answer. Repeat the correct answer after the speaker.

BEISPIEL: YOU HEAR: Geben Sie Ihrem Vater das Heft?
        YOU SAY: Ja, ich gebe es ihm.

1. ---
2. ---
3. ---

4. ---
5. ---
6. ---

Time expressions

4-12 Persönliche Fragen. You will hear five questions about yourself. Answer them in complete sentences. You may stop the tape as you respond.

1. ---
2. ---
3. ---

4. ---
5. ---

4-13 Sagen Sie es anders! You will hear a series of time expressions. Change those that are in the twenty-four hour system to the twelve hour system, and vice versa. You will then hear the correct answer. Repeat the correct answer after the speaker.

BEISPIEL: YOU HEAR: 18 Uhr 32
        YOU SAY: Es ist 6 Uhr 32.

1. ---
2. ---
3. ---

4. ---
5. ---

4-14 Wann machen Sie das? You will hear several pairs of phrases. Combine them into one sentence, using **am** or **im**. You will then hear the correct answer. Repeat the correct answer after the speaker.

BEISPIEL: YOU HEAR: Wochenende, Hausaufgaben machen
        YOU SAY: Am Wochenende mache ich Hausaufgaben.

1. ---
2. ---
3. ---

4. ---
5. ---
6. ---

Coordinating conjunctions

4-15 Die Jahreszeiten. You will hear several pairs of statements, each read twice. Each pair will be followed by a conjunction. Use the conjunction to combine the sentences. You will then hear the correct answer. Repeat the correct answer after the speaker.

1. ---
2. ---
3. ---

4. ---
5. ---

4-16 *Und, aber, oder, sondern, denn.* You will hear several pairs of statements. Each pair will be read twice. Combine the two statements using a conjunction. You will then hear an appropriate answer. Repeat it after the speaker. In some cases a different answer may also be correct.

1. ---
2. ---
3. ---
4. ---
5. ---

The Simple past of *sein*

4-17 Ich war, du warst… You will hear a series of questions, each followed by a pronoun. Substitute the pronoun into the sentence. You will then hear the correct answer. Repeat the correct answer after the speaker.

1. ---
2. ---
3. ---
4. ---
5. ---
6. ---
7. ---

Hörverständnis

4-18 Diktat: Eriks Ferien. You will hear a short paragraph. It will be read once in its entirety, then again with pauses. Use the pauses to write what you have heard. You may rewind the tape to listen as often as needed.

_____

_____

_____

_____

_____

_____

_____

4-19 Konversation. You will hear a conversation in which two young people discuss their friend's birthday. Listen carefully, then answer the questions. You may rewind the tape to listen as often as needed.

FRAGEN:

1. Wer hat Geburtstag?_____

2. Wann hat er Geburtstag? _____

3. Was macht Klaus? _____

4. Was schenken Petra und Dieter ihm?_____

Kapitel 5: Wie und wo wohnen wir?

Gespräche

5-1 Hören Sie zu! Listen carefully to the recorded conversation in **Schritt 5** from your textbook. Only the first two segments are recorded.

5-2 Wiederholen Sie! Now listen again to the first part of the conversation and repeat each phrase during the pause provided.

Aussprache

The *z*-sound

In German, the final and initial **z** are pronounced like a *ts* in the English word *hats*. In English words, this sound occurs only at the end of a syllable. In German this sound occurs at the beginning, in the middle, and also at the end of a word.

5-3 Der *z*-Laut. Repeat each word after the speaker.

Zoo	Salz
Zaun	Zahn
Zug	Zeit
ziehen	Zone
Kreuz	Wurzel
ganz	zu
Wohnzimmer	Heizung

5-4 Versuch's mal! Now you will hear the passage from the **Versuch's mal!** section of your textbook. You will hear the complete passage once; listen carefully, following along in your book if you prefer. You will then hear a portion of it again with pauses. Repeat each phrase after the speaker.

Strukturen

The present perfect tense

5-5 Dieses Jahr bin ich faul! You will hear a series of sentences about various activities. Reply that you did them last year. You will then hear the correct answer. Repeat the correct answer after the speaker.

BEISPIEL: YOU HEAR: Lernst du viel?
                 YOU SAY: Nein, denn ich habe letztes Jahr viel gelernt.

1. ---   5. ---
2. ---   6. ---
3. ---   7. ---
4. ---

5-6 Das haben wir nicht gemacht. You will hear a series of sentences about various activities. Each will be followed by a verb. Use that verb to form a new sentence. You will then hear the correct answer. Repeat the correct answer after the speaker.

BEISPIEL: YOU HEAR: Karl hat gestern viel studiert. (essen)
                 YOU SAY: Nein, Karl hat gestern viel gegessen.

1. ---   3. ---
2. ---   4. ---

5-7 Verben. You will hear a series of verbs, followed by incomplete sentences about various activities. Use the verb to complete the sentence. You will then hear the correct answer. Repeat the correct answer after the speaker.

BEISPIEL: YOU HEAR: sehen: Meine Tante hat mich gestern…
                 YOU SAY: Meine Tante hat mich gestern gesehen.

1. ---   5. ---
2. ---   6. ---
3. ---   7. ---
4. ---   8. ---

5-8 Gestern. You will hear a series of phrases. Say that you did each activity yesterday. You will then hear the correct answer. Repeat the correct answer after the speaker.

1. ---   6. ---
2. ---   7. ---
3. ---   8. ---
4. ---   9. ---
5. ---   10. ---

Separable and inseparable prefix verbs

5-9 Was wir machen. Several students are telling each other what they do. You will hear a series of sentences, each followed by a verb. Substitute the verb into the sentence. You will then hear the correct answer. Repeat the correct answer after the speaker.

BEISPIEL: YOU HEAR: Susan liest gern. (fernsehen)
YOU SAY: Susan sieht gern fern.

1. ---   3. ---
2. ---   4. ---

5-10 Fragen. You will hear a series of phrases. Form questions in the present tense. You will then hear the correct answer. Repeat the correct answer after the speaker.

BEISPIEL: YOU HEAR: mitkommen
YOU SAY: Kommen Sie mit?

1. ---   4. ---
2. ---   5. ---
3. ---   6. ---

5-11 Trennbar oder untrennbar? You will hear a series of sentences in the present perfect tense. If you hear a **ge**-prefix in the past participle, circle **S** for separable prefix. If you did not hear a **ge**-prefix, circle **I** for inseparable prefix.

1. S   I   5. S   I
2. S   I   6. S   I
3. S   I   7. S   I
4. S   I   8. S   I

5-12 Was ist passiert? You will hear a series of sentences, each followed by a verb. Substitute the verb into the sentence. You will then hear the correct answer. Repeat the correct answer after the speaker.

1. ---   5. ---
2. ---   6. ---
3. ---   7. ---
4. ---   8. ----

The modal verbs

5-13 Sollen, wollen, können... You will hear a series of sentences, each followed by a modal verb. Substitute the modal verb into the sentence. You will then hear the correct answer. Repeat the correct answer after the speaker.

BEISPIEL: YOU HEAR: Die Lehrerin kann nicht viel sagen. (wollen)
          YOU SAY: Die Lehrerin will nicht viel sagen.

1. ---   4. ---
2. ---   5. ---
3. ---   6. ---

5-14 Noch mehr Modalverben. You will hear a series of sentences, each followed by a modal verb. Insert the modal verb into the sentence. You will then hear the correct answer. Repeat the correct answer after the speaker.

1. ---   4. ---
2. ---   5. ---
3. ---   6. ---

Hörverständnis

5-15. Diktat: Franz' Familie. You will hear a short paragraph. It will be read once in its entirety, then again with pauses. Use the pauses to write what you have heard. You may rewind the tape to listen as often as needed.

_____

_____

_____

_____

_____

_____

_____

_____

_____

5-16 Ein Brief. You will hear a letter to Oliver; the letter was written by his friend who is studying in Germany. Listen carefully, then read the incomplete sentences in your *Lab Manual.* Circle the letter of the word or words that correctly complete the sentences. Some sentences will have more than one correct answer. You may rewind the tape to listen as often as needed.

1. John studiert in…
    a. Berlin
    b. Heidelberg
    c. Mannheim

2. Die Wohnung hat…
    a. eine Küche
    b. kein Eßzimmer
    c. drei Schlafzimmer

3. Die Studenten…
    a. kochen zusammen
    b. sehen zusammen fern
    c. reisen zusammen

5-17 Persönliche Fragen. You will hear five questions about yourself. Answer them in complete sentences. You may stop the tape as you respond.

1. ---   3. ---
2. ---   4. ---

Kapitel 6: Ich bin gesund!

Gespräche

6-1 Hören Sie zu! Listen carefully to the recorded conversation in **Schritt 5** from your textbook.

6-2 Wiederholen Sie! Now listen again to the first part of the conversation and repeat each phrase during the pause provided.

Aussprache

The *s* + consonant sound

The **s** in German is sometimes pronounced differently when used in conjunction with other consonants than when it appears alone. For instance, the combinations **st** and **sp**, when they appear at the beginning of a word or syllable, are pronounced like the English *sh* plus *p* or *t*, respectively.

If these combinations are located anywhere else in the word, they are pronounced as in English.

6-3 Der *s* + Konsonant-Laut. Repeat each word after the speaker.

spielen	sprechen
besprechen	Stück
bestellen	Straße
Stunde	Sport
Obst	erst
kosten	Osten
Westen	Herbst
beste	hast

6-4 Versuch's mal! Now you will hear the passage from the **Versuch's mal!** section of your textbook. You will hear the complete passage once; listen carefully, following along in your textbook if you prefer. You will then hear a portion of it again, with pauses. Repeat each phrase after the speaker.

6-5 Zungenbrecher. You will hear a tongue twister. It will be read twice. The first time, just listen. The second time, repeat each phrase during the pause.

Stolpern Sie nicht über einen spitzen Stein!

Strukturen

wissen/kennen/können

6-6 *wissen, kennen, können.* You will hear a series of questions, each followed by a verb. Use the verb to form a new question. You will then hear the correct answer. Repeat the correct answer after the speaker.

BEISPIEL: YOU HEAR: Willst du schnell laufen? (können)
                 YOU SAY: Kannst du schnell laufen?

1. ---   5. ---
2. ---   6. ---
3. ---   7. ---
4. ---   8. ---

6-7 *Wissen* oder *kennen.* You will hear a series of incomplete statements; each will be read twice. Circle the verb that would best complete the statement.

1. kenne   weiß
2. kennen   wissen
3. kennst   weißt
4. kennt   weiß
5. kenne   weiß

Reflexive verbs

6-8 Was man jeden Tag tut. You will hear a series of sentences, each followed by a pronoun. Substitute the pronoun into the sentence. You will then hear the correct answer. Repeat the correct answer after the speaker.

BEISPIEL: YOU HEAR: Ich muß mich zuerst waschen. (er)
                 YOU SAY: Er muß sich zuerst waschen.

1. ---   6. ---
2. ---   7. ---
3. ---   8. ---
4. ---   9. ---
5. ---   10. ---

6-9 Fragen. You are walking across campus and run into your German acquaintance. Answer his questions truthfully, in complete sentences. You may stop the tape as you respond.

Adjective endings

6-10 Adjektive. You will hear a series of sentences, each followed by an adjective. Insert the adjective into the sentence. You will then hear the correct answer. Repeat the correct answer after the speaker.

BEISPIEL: YOU HEAR: Der Student heißt Peter. (neu)
             YOU SAY: Der neue Student heißt Peter.

1. ---	6. ---
2. ---	7. ---
3. ---	8. ---
4. ---	9. ---
5. ---	10. ---

6-11 Mein Körper. You will hear a series of sentences with predicate adjectives. Change them to sentences with attributive adjectives. You will then hear the correct answer. Repeat the correct answer after the speaker.

BEISPIEL: YOU HEAR: Meine Nase ist rot.
             YOU SAY: Ich habe eine rote Nase.

1. ---	5. ---
2. ---	6. ---
3. ---	7. ---
4. ---	8. ---

6-12 Unser Zimmer. Several students are comparing their rooms. Use the nouns and adjectives you hear to form their sentences. You will then hear the correct answer. Repeat the correct answer after the speaker.

BEISPIEL: YOU HEAR: einen Fernseher / groß
             YOU SAY: Wir haben einen großen Fernseher.

1. ---	7. ---
2. ---	8. ---
3. ---	9. ---
4. ---	10. ---
5. ---	11. ---
6. ---	

6-13 Was möchten die Studenten? A number of students are comparing what their friends would like. You will hear a series of statements, each followed by an adjective. Insert the adjective into the sentence. You will then hear the correct answer. Repeat the correct answer after the speaker.

BEISPIEL: YOU HEAR: Klaus möchte eine Kaffeemaschine. (weiß)
             YOU SAY: Klaus möchte eine weiße Kaffeemaschine.

1. ---	5. ---
2. ---	6. ---
3. ---	7. ---
4. ---	8. ---

Hörverständnis

6-14 Diktat: Gesund leben. You will hear a short paragraph. It will be read once in its entirety, then again with pauses. Use the pauses to write what you have heard. You may rewind the tape to listen as often as needed.

_____

_____

_____

_____

_____

_____

_____

_____

6-15 Logisch oder unlogisch. You will hear a series of statements, each read twice. Circle **L** if they are logical, **U** if they are not.

1. L   U   6. L   U
2. L   U   7. L   U
3. L   U   8. L   U
4. L   U   9. L   U
5. L   U   10. L   U

6-16 Gesundheit ist wichtig. You will hear a brief passage about health. Listen carefully, then decide whether the following statements are true (**richtig**) or false (**falsch**), based on the passage. You may rewind the tape to listen as often as needed.

1. Studenten sind gern krank.   richtig   falsch
2. Studenten arbeiten schwer.   richtig   falsch
3. Studenten müssen nichts essen.   richtig   falsch
4. Sie haben viel Zeit.   richtig   falsch
5. Studenten wollen gesund sein.   richtig   falsch

Kapitel 7: Laß uns etwas zusammen unternehmen!

Gespräche

7-1 Hören Sie zu! Listen carefully to the recorded conversation in **Schritt 3** from your textbook.

7-2 Wiederholen Sie! Now listen again to the first part of the conversation and repeat each phrase during the pause provided.

Aussprache

The *ä*-sound

The German long **ä**-sound is similar to the English vowel sound in *made*. The short **ä** is pronounced like the short German **e**; it resembles the English vowel sound in *rent*.

7-3 Der lange *ä*-Laut. Repeat each word after the speaker.

später	Käse
zählen	hämisch
Gräser	mäßig
Väter	

7-4 Der kurze *ä*-Laut. Repeat each word after the speaker.

Stätte	Anlässe
Plätze	lässig
häßlich	

7-5 Versuch's mal! Now you will hear the poem from the **Versuch's mal!** section of your textbook. You will hear the complete poem once; listen carefully, following along in your book if you prefer. You will then hear the first verse again, with pauses. Repeat each phrase after the speaker.

Strukturen

Ordinal numbers and dates

7-6 Wie viele? You will hear a series of sentences, each followed by an ordinal number. Insert the number into the sentence. You will then hear the correct answer. Repeat the correct answer after the speaker.

BEISPIEL: YOU HEAR: Das ist mein Buch. (zwei)
          YOU SAY: Das ist mein zweites Buch.

1. ---   4. ---
2. ---   5. ---
3. ---

7-7 Persönliche Fragen. You will hear five personal questions. Answer them in complete sentences. You may stop the tape as you respond.

1. ---   4. ---
2. ---   5. ---
3. ---

Movement vs. location

7-8 Wo sind sie alle? You will hear a series of questions, each followed by a verb. Anwer each question negatively, using the new verb. You will then hear the correct answer. Repeat the correct answer after the speaker.

BEISPIEL: YOU HEAR: Geht die Mutter in den Garten? (arbeiten)
          YOU SAY: Nein, die Mutter arbeitet im Garten.

1. ---   5. ---
2. ---   6. ---
3. ---   7. ---
4. ---   8. ---

7-9 Wir sind neu in der Stadt. Some tourists are asking you where they can do certain things. You will hear a series of questions, each followed by a preposition and a noun. These preposition and noun cues are also printed in your *Lab Manual*. Use the cues to answer the questions. You will then hear the correct answer. Repeat the correct answer after the speaker.

BEISPIEL: YOU HEAR: Wo steht der Bus? auf/die Straße
          YOU SAY: Der Bus steht auf der Straße.

1. zu/der Bahnhof   5. an/die Bushaltestelle
2. zu/der Flughafen   6. an/die Kreuzung
3. zwischen/die Post/die Kirche 7. neben/die Brücke
4. in/die Stadt   8. an/der Bahnhof

7-10 Was haben Sie gesagt? You will hear a series of statements. Request that the speaker repeat the information by asking a question with **wo, wohin,** or **woher.** In your questions, use **Sie** for *you.* You will then hear the correct answer. Repeat the correct answer after the speaker.

BEISPIEL: YOU HEAR: Ich komme aus Montana.
           YOU SAY: Woher kommen Sie?

1. ---   6. ---
2. ---   7. ---
3. ---   8. ---
4. ---   9. ---
5. ---   10. ---

The *würde*-construction

7-11 Würdest du bitte…? You will hear a series of cues. Use the cues and **würde** to ask a friend to do certain things for you. You will then hear the correct answer. Repeat the correct answer after the speaker.

BEISPIEL: YOU HEAR: waschen/das Auto
           YOU SAY: Würdest du bitte das Auto waschen?

1. ---   5. ---
2. ---   6. ---
3. ---   7. ---
4. ---   8. ---

Command forms

7-12 Auf der Reise. Imagine that you are a tour guide trying to control your tour group. Give the appropriate commands, using the cues you hear. You will then hear the correct answer. Repeat the correct answer after the speaker.

BEISPIEL: YOU HEAR: Antoinette/hier aussteigen
           YOU SAY: Antoinette, steig bitte hier aus!

1. ---   7. ---
2. ---   8. ---
3. ---   9. ---
4. ---   10. ---
5. ---   11. ---
6. ---

Hörverständnis

7-13 Diktat: Die Schweiz. You will hear a short paragraph. It will be read once in its entirety, then again with pauses. Use the pauses to write what you have heard. You may rewind the tape to listen as often as needed.

_____

_____

_____

_____

_____

_____

_____

_____

_____

7-14 Keine Wohnung. You will hear a brief passage about people without a home. Listen carefully, then answer the questions. You may rewind the tape to listen as often as needed.

FRAGEN

1. Wo gibt es Menschen ohne Wohnung?

_____

_____

2. Was wissen Sie über obdachlose Menschen?

_____

_____

3. Was haben Menschen ohne Wohnung nicht?

_____

_____

4. Gibt es obdachlose Menschen in Ihrer Stadt?

_____

_____

Kapitel 8: Ja gerne, aber …

Gespräche

8-1 Hören Sie zu! Listen carefully to the recorded conversations in **Schritt 3** from your textbook.

8-2 Wiederholen Sie! Now listen again to «Die falsche Nummer» and repeat each phrase during the pause provided.

Aussprache

The *ü*-sound

To pronounce the German **ü**-, keep your tongue in the same position as for *ee* (as in *weed*) and slowly round your lips.

8-3 Der *ü*-Laut. Repeat each word after the speaker.

LONG Ü	SHORT Ü
Hüte	dünn
Haustür	kürzer
Handtücher	verrückt
Gemüse	glücklich
Füße	Glück
Züge	Müll
Stühle	Zahnbürste
Mühle	Bürste

8-4 Versuch's mal! Now you will hear a completed version of the advertisement from the **Versuch's mal!** section of your textbook. You will hear it twice; the first time just listen, following along in your book if you prefer. The second time, repeat each phrase after the speaker.

8-5 Zungenbrecher. You will hear a tongue twister. It will be read twice. The first time, just listen. The second time, repeat each phrase during the pause.

Bürsten mit schwarzen Borsten bürsten besser als Bürsten mit braunen Borsten.

The *ö*- sound

To pronounce the German **ö**-, keep your tongue in the same position as for *e* (as in *beg*), but round your lips as for long **o**.

8-6 Der *ö*- Laut. Repeat each word after the speaker.

LONG Ö	SHORT Ö
König	können
Höhle	Hölle
schön	öffnen
rötlich	schöpfen
möglich	Löffel

8-7 Versuch's mal. You will now hear the three sentences with the **ö**-sound from the **Versuch's mal!** section of your textbook. You will hear it twice; the first time just listen, following along in your book if you prefer. The second time, repeat each phrase after the speaker.

8-8 Zungenbrecher. You will hear a tongue twister. It will be read twice. The first time, just listen. The second time, repeat each phrase during the pause.

Töpfers Trinchen trägt tausend Töpfe, tausend Töpfe trägt Töpfers Trinchen.

8-9 *ä, ö* oder *ü*? You will hear a series of words. Listen carefully, and repeat each one after the speaker. Then circle **ä**, **ö**, or **ü**, according to which sound the word contains.

1. ä	ö	ü		10. ä	ö	ü	
2. ä	ö	ü		11. ä	ö	ü	
3. ä	ö	ü		12. ä	ö	ü	
4. ä	ö	ü		13. ä	ö	ü	
5. ä	ö	ü		14. ä	ö	ü	
6. ä	ö	ü		15. ä	ö	ü	
7. ä	ö	ü		16. ä	ö	ü	
8. ä	ö	ü		17. ä	ö	ü	
9. ä	ö	ü		18. ä	ö	ü	

Strukturen

Subordinating conjunctions

8-10 Konjunktionen. You will hear a series of sentence pairs, each followed by a subordinating conjunction. Each pair will be read twice. Combine them into a single sentence. You will then hear the correct answer. Repeat the correct answer after the speaker.

BEISPIEL: YOU HEAR: Sebastian will einen Mantel. Es ist ihm kalt.
                        Sebastian will einen Mantel. Es ist ihm kalt. (weil)
            YOU SAY: Sebastian will einen Mantel, weil es ihm kalt ist.

1. ---
2. ---
3. ---
4. ---
5. ---

6. ---
7. ---
8. ---
9. ---

8-11 Aus zwei mach eins. You will hear a series of sentence pairs, each followed by a conjunction. Each pair will be read twice. Combine them into a single sentence. You will then hear the correct answer. Repeat the correct answer after the speaker.

1. ---
2. ---
3. ---
4. ---
5. ---

6. ---
7. ---
8. ---
9. ---
10. ---

8-12 Was ist hier logisch? You will hear a series of incomplete sentences. Complete each sentence in a logical way. You may stop the tape as you respond.

1. ---
2. ---
3. ---

4. ---
5. ---
6. ---

Word order: Time-manner-place

8-13. Neue Sätze. You will hear a series of statements, each followed by an adverbial phrase. Each statement will be read twice. Insert the phrase into the sentence. You will then hear the correct answer. Repeat the correct answer after the speaker.

BEISPIEL: YOU HEAR: Wir wollen um 8 Uhr Tennis spielen. (morgen früh)
            YOU SAY: Wir wollen morgen früh um 8 Uhr Tennis spielen.

1. ---
2. ---
3. ---
4. ---

5. ---
6. ---
7. ---
8. ---

Der- and *ein*-words

8-14 In einer fremden Stadt. You are visiting a friend and you want to know more about some of the sights you are seeing. For each statement you hear, ask a question using **Was für ein**. You will then hear the correct answer. Repeat the correct answer after the speaker.

BEISPIEL: YOU HEAR: Das ist ein interessantes Museum.
               YOU SAY: Was für ein Museum ist das?

1. ---   5. ---
2. ---   6. ---
3. ---   7. ---
4. ---   8. ---

8-15 Eine Reise planen. One student is planning a trip, and another asks what she is taking with her. Answer her questions, using the cues. You will then hear the correct answer. Repeat the correct answer after the speaker.

BEISPIEL: YOU HEAR: Welche Jacke nimmst du mit? (dies-)
               YOU SAY: Ich nehme diese Jacke mit.

1. ---   4. ---
2. ---   5. ---
3. ---   6. ---

Hörverständnis

8-16 Urlaub in Österreich. You will hear a brief passage about a winter vacation in Austria. Listen carefully, then circle the items of clothing that are mentioned. You may rewind the tape to listen as often as needed.

warme Unterwäsche	einen Hut	eine Bluse
einen Pullover	einen Rock	lange Hosen
eine Jacke	Handschuhe	einen Mantel
einen Skianzug	Schuhe	Socken
ein Kleid	eine Mütze	ein Hemd

Gespräche

9-1 Hören Sie zu! Listen carefully to the recorded conversation in **Schritt 7** from your textbook.

9-2 Wiederholen Sie! Now listen again to the first part of the conversation and repeat each phrase during the pauses.

Aussprache

The *kn-* and *pf*-sounds

In German, both consonants are pronounced in the **kn** and **pf** combinations.

9-3 Der *kn*-Laut. Repeat each word after the speaker.

Knopf	Knabe	knarren	Knie	Knoten
knicken	knurren	Knoblauch	knusprig	

9-4 Der *pf*-Laut. Repeat each word after the speaker.

Pflaume	pfeifen	Pfifferling	Pfeffer	Pfirsich
Apfel	Topf	Pfanne	Pflanze	

9-5 *Pf* oder *ff*? You will hear a series of words. Circle **pf** or **ff** to indicate which sound you hear.

1. pf	ff		6. pf	ff
2. pf	ff		7. pf	ff
3. pf	ff		8. pf	ff
4. pf	ff		9. pf	ff
5. pf	ff		10. pf	ff

9-6 *Kn* oder *k*? You will hear a series of words. Circle **kn** or **k** to indicate which sound you hear.

1. kn	k		6. kn	k
2. kn	k		7. kn	k
3. kn	k		8. kn	k
4. kn	k		9. kn	k
5. kn	k		10. kn	k

9-7 Versuch's mal! Now you will hear the passage from the **Versuch's mal!** section of your textbook. You will hear the complete passage once; listen carefully, following along in your book if you prefer. You will then hear the passage again, with pauses. Repeat each phrase after the speaker.

Strukturen

Comparative and superlative of adjectives and adverbs

9-8 Vergleiche. You will hear a series of sentences comparing equal items. Change them to unequal comparisons with **als**. You will then hear the correct answer. Repeat the correct answer after the speaker.

BEISPIEL: YOU HEAR: Das Brot schmeckt so gut wie die Brötchen.
           YOU SAY: Das Brot schmeckt besser als die Brötchen.

1. ---   7. ---
2. ---   8. ---
3. ---   9. ---
4. ---   10. ---
5. ---   11. ---
6. ---   12. ---

9-9 Was ist am besten? You will hear a series of sentences comparing unequal items. Each will be followed by a cue. Use the cue to form a new sentence in the superlative. You will then hear the correct answer. Repeat the correct answer after the speaker.

BEISPIEL: YOU HEAR: Meine Mutter kocht besser als ich. (mein Bruder)
           YOU SAY: Aber mein Bruder kocht am besten.

1. ---   4. ---
2. ---   5. ---
3. ---

9-10 Vergleichen Sie! Two shoppers are comparing their buying habits, and one of them tries to outdo the other. You will hear a series of sentences. Form new sentences in the superlative. You will then hear the correct answer. Repeat the correct answer after the speaker.

BEISPIEL: YOU HEAR: Wir kaufen in dem billigen Supermarkt ein.
           YOU SAY: Wir kaufen in dem billigsten Supermarkt ein.

1. ---   4. ---
2. ---   5. ---
3. ---   6. ---

Adjective endings

9-11 Welches Adjektiv paßt hier? You will hear a series of sentences, each followed by an adjective. Insert the adjective into the sentence. You will then hear the correct answer. Repeat the correct answer after the speaker.

BEISPIEL: YOU HEAR: Dmitri, zieh deine Schuhe an! (braun)
            YOU SAY: Dmitri, zieh deine braunen Schuhe an!

1. ---   5. ---
2. ---   6. ---
3. ---   7. ---
4. ---   8. ---

9-12 Jeder möchte etwas anderes. While one person likes something a certain way, another likes it even more so. You will hear a series of sentences, each followed by an adjective. Insert the adjective into the sentence, first in its positive form, then in the comparative. You will then hear the correct answer. Repeat the correct answer after the speaker.

BEISPIEL: YOU HEAR: Der Student möchte ein Brot. (klein)
            YOU SAY: Der Student möchte ein kleines Brot, aber dieser Student möchte ein
                        noch kleineres Brot.

1. ---   4. ---
2. ---   5. ---
3. ---   6. ---

9-13 Wer kann das glauben? You will hear a series of sentences, each followed by an adjective. Insert the adjective into the sentence; use the superlative form. You will then hear the correct answer. Repeat the correct answer after the speaker.

BEISPIEL: YOU HEAR: Ist das wirklich die Person? (nett)
            YOU SAY: Ist das wirklich die netteste Person?

1. ---   4. ---
2. ---   5. ---
3. ---   6. ---

9-14 Was mögen sie? You will hear a series of questions. Each will be followed by an adjective and a noun. Use the adjective and noun cues to reply to the question. You will then hear the correct answer. Repeat the correct answer after the speaker.

BEISPIEL: YOU HEAR: Was mag Sergei? (weiß/Brötchen)
            YOU SAY: Sergei mag weiße Brötchen.

1. ---   4. ---
2. ---   5. ---
3. ---   6. ---

9-15 Persönliche Fragen. You will hear eight questions about yourself. Answer them in complete sentences. You may stop the tape as you respond.

1. ---
2. ---
3. ---
4. ---

5. ---
6. ---
7. ---
8. ---

Demonstrative pronouns

9-16 Hilfe. Your friend forgot his glasses and is asking you questions because he can't see very well. Answer his questions using a demonstrative pronoun. You will then hear the correct answer. Repeat the correct answer after the speaker.

BEISPIEL: YOU HEAR: Ist die Ampel grün?
                YOU SAY: Ja, die ist grün.

1. ---
2. ---
3. ---

4. ---
5. ---

Hörverständnis

9-17 Antons Lieblingsessen. You will hear a brief passage about Anton's favorite meal. Listen carefully, then complete the following chart. You may rewind the tape to listen as often as needed.

ANTONS LIEBLINGSESSEN

Fleisch: _____

Gemüse: _____

Nachtisch: _____

Getränk: _____

Kapitel 10: Unterwegs

Gespräche

10-1 Hören Sie zu! Listen carefully to the recorded conversation in **Schritt 3** from your textbook.

10-2 Wiederholen Sie! Now listen again to the first part of the conversation and repeat each phrase during the pause provided.

Aussprache

Review of sounds

10-3 *Ei* oder *ie*? You will hear a series of words. Repeat each one after the speaker, then circle which sound you heard.

1. ei   ie
2. ei   ie
3. ei   ie
4. ei   ie
5. ei   ie

6. ei   ie
7. ei   ie
8. ei   ie
9. ei   ie
10. ei   ie

10-4 Front *ch* oder back *ch*? You will hear a series of words. Repeat each one after the speaker, then circle which sound you heard.

1. front **ch**   back **ch**
2. front **ch**   back **ch**
3. front **ch**   back **ch**
4. front **ch**   back **ch**
5. front **ch**   back **ch**

6. front **ch**   back **ch**
7. front **ch**   back **ch**
8. front **ch**   back **ch**
9. front **ch**   back **ch**
10. front **ch**   back **ch**

10-5 *W* oder *v*? You will hear a series of words. Repeat each one after the speaker, then circle which sound you heard.

1. w   v
2. w   v
3. w   v
4. w   v
5. w   v

6. w   v
7. w   v
8. w   v
9. w   v
10. w   v

Strukturen

The simple past tense

10-6 Wie war das früher? You will hear a series of sentences. Change them to the simple past tense. You will then hear the correct answer. Repeat the correct answer after the speaker.

1. ---
2. ---
3. ---

4. ---
5. ---
6. ---

10-7 Infinitiv und Imperfekt. You will hear a series of infinitives. Say their simple past tense forms in the third person singular. You will then hear the correct answer. Repeat the correct answer after the speaker.

BEISPIEL: YOU HEAR: kommen
           YOU SAY: kam

1. ---
2. ---
3. ---
4. ---
5. ---

6. ---
7. ---
8. ---
9. ---
10. ---

10-8 Berühmte (*famous*) Leute. You will hear a series of sentences. Change them to the simple past tense. You will then hear the correct answer. Repeat the correct answer after the speaker.

1. ---
2. ---
3. ---
4. ---

5. ---
6. ---
7. ---
8. ---

10-9 Fragen und Antworten. You will hear a series of questions. Answer each one negatively in the simple past tense. You will then hear the correct answer. Repeat the correct answer after the speaker. Be careful: some sentences require **nicht**, while others require **kein**.

BEISPIEL: YOU HEAR: Hat Helmut in Österreich gewohnt?
           YOU SAY: Nein, er wohnte nicht in Österreich.

1. ---
2. ---
3. ---
4. ---
5. ---
6. ---

7. ---
8. ---
9. ---
10. ---
11. ---

Infinitives with and without *zu*

10-10 Wie finden Sie das? You will hear a series of sentence pairs. Combine them into a single statement. You will then hear the correct answer. Repeat the correct answer after the speaker.

1. ---
2. ---
3. ---

4. ---
5. ---

10-11 Warum machen wir das? You will hear a series of cues. Use them to form sentences with **um...zu.** You will then hear the correct answer. Repeat the correct answer after the speaker.

BEISPIEL: YOU HEAR: Brot kaufen/etwas essen
YOU SAY: Wir kaufen Brot, um etwas zu essen.

1. ---
2. ---
3. ---
4. ---

5. ---
6. ---
7. ---
8. ---

10-12 Ich möchte lieber etwas anderes tun. You will hear a series of pairs of activities. Say that you prefer the first activity to the second one, using **anstatt.** You will then hear the correct answer. Repeat the correct answer after the speaker.

BEISPIEL: YOU HEAR: singen/tanzen
YOU SAY: Ich singe lieber, anstatt zu tanzen.

1. ---
2. ---
3. ---

4. ---
5. ---
6. ---

10-13 Ohne? You will hear a series of cues. Use them to form sentences with **ohne...zu.** Use the simple past tense. You will then hear the correct answer. Repeat the correct answer after the speaker.

BEISPIEL: YOU HEAR: Tante besuchen/keine Blumen mitbringen
YOU SAY: Ich besuchte die Tante, ohne Blumen mitzubringen.

1. ---
2. ---
3. ---

4. ---
5. ---

Expressions of time with adverbs

10-14. Wie oft tun Sie das? You will hear a series of activities. With a complete sentence, say when you do these things. Use adverbs such as **täglich, oft, morgens, manchmal, übermorgen,** etc. You may stop the tape as you respond.

1. ---
2. ---
3. ---
4. ---

5. ---
6. ---
7. ---
8. ---

Hörverständnis

10-15 Wissen Sie das? You will hear a series of questions. Listen carefully, and respond aloud. You will then hear the correct answer.

1. ---
2. ---
3. ---
4. ---

5. ---
6. ---
7. ---
8. ---

10-16 Allein in einer großen Stadt. You will hear a brief passage about a student's travels. Listen carefully, then answer the following questions. You may rewind the tape to listen as often as needed.

1. Wo war Birgit? _____

2. Wann kam sie an? _____

3. Wen/was suchte sie?

    a. _____

    b. _____

    c. _____

Kapitel 11: An der Uni

Gespräche

11-1 Hören Sie zu! Listen carefully to the recorded conversation in **Schritt 5** from your textbook.

11-2 Wiederholen Sie! Now listen again to the first part of the conversation and repeat each phrase during the pause provided.

Aussprache

Review of sounds

11-3 Der *r*-Laut. Repeat each word after the speaker.

| richtig | Frankreich | Rußland | Türkei | traurig |
| Irland | brauchen | Rücken | Reisebüro | rot |

11-4 Der *z*-Laut. Repeat each word after the speaker.

| Zunge | Zahl | Zeit | Schweiz | Herz |
| Schmerzen | schmutzig | zehn | zwanzig | putzen |

11-5 Der *s*- + Konsonant-Laut. Repeat each word after the speaker.

| Stück | Spaß | spielen | Sparkasse | Spanien |
| Stadt | Stuhl | stellen | Straße | Sport |

11-6 Der *ä*-Laut. Repeat each word after the speaker.

| Dänemark | häßlich | Pässe | Gäste | Hähnchen |
| Käse | Getränk | Gespräch | trägt | hängen |

11-7 Der *ü*-Laut. Repeat each word after the speaker.

| früh | Würstchen | Gemüse | Mütze | müde |
| süß | hübsch | gemütlich | für | Hüte |

11-8 Der *ö*-Laut. Repeat each word after the speaker.

| einlösen | möbliert | schön | Brötchen | Körper |
| hören | möglich | böse | fröhlich | höher |

11-9 Der *kn*-Laut. Repeat each word after the speaker.

| knusprig | Knoblauch | Knoten | Knabe | knurren |
| Knebel | knicken | knacken | knausrig | Knie |

11-10 Der *pf*-Laut. Repeat each word after the speaker.

pfeifen	Pflanze	Pfeffer	Apfel	Topf
pfiffig	empfehlen	Pflaume	pflanzen	knüpfen

11-11 Zungenbrecher. You will hear a tongue twister. It will be read twice. The first time, just listen. The second time, repeat each phrase during the pause.

Ein Student mit spitzen (*pointed*) Stiefeln
stieß (*bumped*) an einen spitzen Stein,
stieß die Spitzen seiner Stiefel
in den spitzen Stein hinein.

Strukturen

The genitive case

11-12 Wem gehört was? You will hear a series of questions, each followed by a noun. Use the noun to reply to the question. You will then hear the correct answer. Repeat the correct answer after the speaker.

BEISPIEL: YOU HEAR: Wessen Buch ist das? (meine Schwester)
   YOU SAY: Das ist das Buch meiner Schwester.

1. ---
2. ---
3. ---
4. ---

5. ---
6. ---
7. ---
8. ---

11-13 Welche Genitivpräposition ist richtig? You will hear a series of sentences, each read twice, then a cue. Insert the cue into the sentence, using the genitive preposition that is printed in your *Lab Manual*. You will then hear the correct answer. Repeat the correct answer after the speaker.

BEISPIEL: YOU HEAR: Hung will die Zeitung lesen. Hung will die Zeitung lesen. (die Zeitschrift)
   YOU SEE: statt
   YOU SAY: Hung will die Zeitung statt der Zeitschrift lesen.

1. trotz
2. während
3. wegen
4. trotz

5. während
6. während
7. statt

Indefinite time

11-14 Sie haben Glück. You have the chance to do anything you like during the following time periods. Say what you would like to do, using complete sentences. You may stop the tape while answering aloud.

1. ---
2. ---
3. ---
4. ---

5. ---
6. ---
7. ---
8. ---

Verbs with prepositions/*Da*- and *wo*-compounds

11-15 Etwas über Literatur. You will hear a series of questions. Answer them, using the cues given. Use either **da**-compounds or prepositions and pronouns, as appropriate. You will then hear the correct answer. Repeat the correct answer after the speaker.

BEISPIEL: YOU HEAR: Wissen Sie etwas über amerikanische Literatur? (ja)
   YOU SAY;   Ja, ich weiß etwas darüber.

1. ---
2. ---
3. ---
4. ---

5. ---
6. ---
7. ---
8. ---

11-16 Wie bitte? You will hear a series of answers. Form the corresponding questions using **wo**-compounds or prepositions and pronouns, as appropriate. You will then hear the correct answer. Repeat the correct answer after the speaker.

BEISPIEL: YOU HEAR: Linh hat von ihrem Besuch im Restaurant gesprochen.
   YOU SAY: Wovon hat Linh gesprochen?

1. ---
2. ---
3. ---
4. ---

5. ---
6. ---
7. ---
8. ---

Hörverständnis

11-17 Richtig oder falsch? You will hear a series of statements. Circle **R** (**richtig**) if they are correct, **F** (**falsch**) if they are not.

1. R   F
2. R   F
3. R   F
4. R   F
5. R   F
6. R   F
7. R   F
8. R   F

11-18 Ein neues Semester beginnt. Two students, Quon and Ann, are discussing their new courses. Listen to their conversation and complete the chart. You may rewind the tape to listen as often as needed.

	KURSE	THEMA DER SEMESTERARBEIT	WOHIN ER/SIE GEHT
Quon			
Ann			

Kapitel 12: Meine Freizeit

Lesestück

12-1 Hören Sie zu! Listen carefully to the recorded text in **Schritt 5** from your textbook.

12-2 Wiederholen Sie! Now listen again to the text and repeat each phrase during the pause provided.

Strukturen

Relative clauses and pronouns

12-3 Wer ist wer? You will hear a series of sentences, each followed by a cue. Use the cues to restate the sentences. You will then hear the correct answer. Repeat the correct answer after the speaker.

BEISPIEL: YOU HEAR: Das ist der Mann, der in Amerika wohnt. (Frau)
           YOU SAY: Das ist die Frau, die in Amerika wohnt.

1. ---   4. ---
2. ---   5. ---
3. ---

12-4 Nichts gefällt ihnen. The speaker will mention certain people's characteristics. Say that you also know similar people. You will then hear the correct answer. Repeat the correct answer after the speaker.

BEISPIEL: YOU HEAR: Mein Bruder findet alles schlecht.
           YOU SAY: Ich habe auch einen Bruder, der alles schlecht findet.

1. ---   4. ---
2. ---   5. ---
3. ---   6. ---

12-5 Wer sind diese Leute? You will hear a series of questions, each followed by a cue. Use the cues to restate the questions. You will then hear the correct answers. Repeat the correct answer after the speaker.

BEISPIEL: YOU HEAR: Siehst du das Kind? Ich kenne es.
           YOU SAY: Siehst du das Kind, das ich kenne?

1. ---   4. ---
2. ---   5. ---
3. ---   6. ---

12-6 Wo sind sie alle? You will hear a series of statements about various people. Ask where each person is. You will then hear the correct answer. Repeat the correct answer after the speaker.

BEISPIEL: YOU HEAR: Meine Tante hilft der Malerin.
            YOU SAY: Wo ist die Malerin, der sie hilft?

1. ---   4. ---
2. ---   5. ---
3. ---

12-7 Was ist was? You will hear a series of questions, each followed by a cue. Use the cue to reply to the question. You will then hear the correct answer. Repeat the correct answer after the speaker.

BEISPIEL: YOU HEAR: Siehst du den Wagen, mit dem Inge gefahren ist? (das Auto)
            YOU SAY: Ich sehe das Auto, mit dem Inge gefahren ist.

1. ---   4. ---
2. ---   5. ---
3. ---

12-8 Können Sie das finden? Several students are looking for various items. You will hear a series of sentences, each followed by a cue. Use the cues to restate the sentences with a relative clause in the genitive. You will then hear the correct answer. Repeat the correct answer after the speaker.

BEISPIEL: YOU HEAR: Hast du das Haus gefunden? Die Tür war rot.
            YOU SAY: Hast du das Haus gefunden, dessen Tür rot war?

1. ---   4. ---
2. ---   5. ---
3. ---

12-9 Was ist das? You will hear a series of sentence pairs. Combine the sentences, using an indefinite relative pronoun. You will then hear the correct answer. Repeat the correct answer after the speaker.

BEISPIEL: YOU HEAR: Das ist etwas. Ich weiß es nicht.
            YOU SAY: Das ist etwas, was ich nicht weiß.

1.   ---
2.   ---
3.   ---
4.   ---
5.   ---

Adjectives

12-10 Vergleiche. You will hear a series of sentences, each followed by a cue. Use the cues to form new sentences in the comparative. You will then hear the correct answer. Repeat the correct answer after the speaker.

BEISPIEL: YOU HEAR: Mein Photo ist gut. (Paul)
               YOU SAY: Pauls Photo ist besser.

1. ---   6. ---
2. ---   7. ---
3. ---   8. ---
4. ---   9. ---
5. ---   10. ---

12-11 Das schönste... Someone is trying to top your statements. You will hear a series of sentences. Restate them using the superlative form. You will then hear the correct answer. Repeat the correct answer after the speaker.

BEISPIEL: YOU HEAR: Ich sehe ein schönes Haus.
               YOU SAY: Aber mein Haus ist am schönsten.

1. ---   4. ---
2. ---   5. ---
3. ---   6. ---

12-12 Was ist das? You will hear a series of nouns and adjectives. Use them to form sentences. You will then hear the correct answer. Repeat the correct answer after the speaker.

BEISPIEL: YOU HEAR: Stuhl, braun
               YOU SAY: Das ist ein brauner Stuhl.

1. ---   6. ---
2. ---   7. ---
3. ---   8. ---
4. ---   9. ---
5. ---   10. ---

12-13 Was für Kleidung? You will hear a series of questions about certain pieces of clothing. Each will be followed by an adjective. Use the adjective to ask which item is meant. You will then hear the correct answer. Repeat the correct answer after the speaker.

BEISPIEL: YOU HEAR: Siehst du das Kleid? (grün)
               YOU SAY: Meinst du das grüne Kleid?

1. ---   5. ---
2. ---   6. ---
3. ---   7. ---
4. ---   8. ---

12-14 Das Hotel. You and your friends are comparing rooms in a hotel. You will hear a series of questions, each followed by an adjective. Insert the adjective into the question. You will then hear the correct answer. Repeat the correct answer after the speaker.

1. ---
2. ---
3. ---
4. ---
5. ---
6. ---
7. ---
8. ---
9. ---
10. ---
11. ---
12. ---
13. ---

12-15 Zusammen ausgehen. Two students are nor sure what to do on their date. Listen to their conversation, then look at the items listed and circle the amounts you hear.

WIE VIELE GIBT ES?

1. Filme:	wenige	einige	mehrere	viele	andere
2. Videos:	wenige	einige	mehrere	viele	andere
3. Restaurants:	wenige	einige	mehrere	viele	andere
4. gute Tips:	wenige	einige	mehrere	viele	andere
5. neue Tiere im Zoo:	wenige	einige	mehrere	viele	andere

Hörverständnis

12-16 Persönliche Fragen. You will hear eight questions about yourself. Answer them in complete sentences. You may stop the tape as you respond.

1. ---
2. ---
3. ---
4. ---
5. ---
6. ---
7. ---
8. ---

12-17 Urlaub und Freizeit. You will hear a passage about vacation and leisure time in Germany. First listen carefully, then—based on what you hear—write a brief conversation between two students who discuss this topic. You may rewind the tape to listen as often as needed.

Jane aus Amerika: _____

_____

Heidi aus Deutschland: _____

_____

Jane: _____

_____

Heidi: _____

_____

Kapitel 13: Die Welt der Arbeit

Gespräche

13-1 Hören Sie zu! Listen carefully to the recorded conversation in **Schritt 3** from your textbook.

13-2 Wiederholen Sie! Now listen again to the first part of the conversation and repeat each phrase during the pause provided.

Strukturen

The future tense

13-3 Margaritas Leben ändert sich. Margarita is starting a new job. You will hear a series of sentences. Change them to the future tense. You will then hear the correct answer. Repeat the correct answer after the speaker.

1. ---
2. ---
3. ---

4. ---
5. ---
6. ---

13-4 Noch nicht, aber bald. You will hear a series of questions. Answer them in the negative and change them to the future tense. You will then hear the correct answer. Repeat the correct answer after the speaker.

BEISPIEL: YOU HEAR: Hast du schon telefoniert?
                YOU SAY: Nein, aber ich werde bald telefonieren.

1. ---
2. ---
3. ---
4. ---

5. ---
6. ---
7. ---
8. ---

13-5 Was ist denn mit Juan los? Regina is wondering about Juan. You will hear a series of questions. Answer that the speaker is probably right. You will then hear the correct answer. Repeat the correct answer after the speaker.

BEISPIEL: YOU HEAR: Juan ist krank, nicht wahr?
                YOU SAY: Ja, Juan wird wohl krank sein.

1. ---
2. ---
3. ---
4. ---

5. ---
6. ---
7. ---
8. ---

Infinitives and adjectives as nouns

13-6 Was machen Sie gern? You will hear a series of sentences. Rephrase them to form new sentences that begin with infinitival nouns. You will then hear the correct answer. Repeat the correct answer after the speaker.

BEISPIEL: YOU HEAR: Ich lese gern.
                     YOU SAY: Lesen macht Spaß.

1. ---
2. ---
3. ---

4. ---
5. ---
6. ---

13-7 Was machen Sie noch? You will hear a series of sentences. Rephrase them to form new sentences that begin with **beim**. You will then hear the correct answer. Repeat the correct answer after the speaker.

BEISPIEL: YOU HEAR: Während ich esse, sehe ich fern.
                     YOU SAY: Beim Essen sehe ich fern.

1. ---
2. ---
3. ---

4. ---
5. ---

13-8 Was wollen sie wissen? You will hear a series of sentences, each followed by a cue. Insert the cue into the sentence. You will then hear the correct answer. Repeat the correct answer after the speaker.

BEISPIEL: YOU HEAR: Was hat der Arzt gesagt? (der Kranke)
                     YOU SAY: Was hat der Arzt dem Kranken gesagt?

1. ---
2. ---
3. ---
4. ---

5. ---
6. ---
7. ---

13-9 Mein Verwandter/meine Verwandte. You will hear a series of incomplete sentences. Give the correct form of **mein Verwandter** or **meine Verwandte** to complete the sentence. You will then hear the correct answer. Repeat the correct answer after the speaker.

1. ---
2. ---
3. ---

4. ---
5. ---
6. ---

Now use **der Alte** or **die Alte** and complete the sentences. You will then hear the correct answer. Repeat the correct answer after the speaker.

1. ---
2. ---
3. ---

4. ---
5. ---
6. ---

13-10 Was meinen Sie? You will hear a series of questions. Give your personal opinion, using complete sentences. You may stop the tape as you respond.

1. ---
2. ---
3. ---

Hörverständnis

13-11 Micaela braucht eine Arbeit. You will hear a conversation between two students. Listen carefully, then answer the questions. You may rewind the tape to listen as often as needed.

1. Was für eine Arbeit möchte Micaela? Was für Wünsche hat sie? Machen Sie eine Liste.

   _____

   _____

   _____

   _____

   _____

2. Kann sie am Computer arbeiten? _____

3. Warum muß sie bald eine Stellung finden? _____

13-12 Arbeit macht nicht immer glücklich. You will hear a brief passage about store hours in German-speaking countries. Listen carefully, then answer the questions. You may rewind the tape to listen as often as needed.

Welche Geschäfte sind in Deutschland, Österreich und der Schweiz am Sonntag geöffnet?

a. _____

b. _____

c. _____

Kapitel 14: Der Mensch und die Medien

Gespräche

14-1 Hören Sie zu! Listen carefully to the recorded conversation in **Schritt 3** from your textbook.

14-2 Hören Sie zu! Listen carefully to the recorded conversation in **Schritt 4** from your textbook.

14-3 Wiederholen Sie! Now listen again to the conversation from **Schritt 4** and repeat each phrase during the pause provided.

Strukturen

The present tense subjunctive and its uses

14-4 Ach, wenn es nur so wäre! You will hear a series of sentences, each followed by a cue. Use the cues to restate the sentences. You will then hear the correct answer. Repeat the correct answer after the speaker.

BEISPIEL: YOU HEAR: Wenn er nur besser spielte! (du)
              YOU SAY: Wenn du nur besser spieltest!

1. ---
2. ---
3. ---

4. ---
5. ---
6. ---

14-5 Wie wäre es, wenn…. You will hear a series of sentences, each followed by a cue. Use the cues to restate the sentences. You will then hear the correct answer. Repeat the correct answer after the speaker.

BEISPIEL: YOU HEAR: Wenn er doch käme! (sie, plural)
              YOU SAY: Wenn sie doch kämen!

1. ---
2. ---
3. ---
4. ---
5. ---

6. ---
7. ---
8. ---
9. ---
10. ---

14-6 Wenn es nur nicht so wäre! You will hear a series of sentences. Use the subjunctive to express your wish that things were different. You will then hear the correct answer. Repeat the correct answer after the speaker.

BEISPIEL: YOU HEAR: Unsere Ferien sind zu kurz.
            YOU SAY: Wenn unsere Ferien nur nicht zu kurz wären!

1. ---   4. ---
2. ---   5. ---
3. ---   6. ---

14-7 Ein Theaterabend. You will hear a series of sentences. Use the subjunctive of **können** to change them to polite questions. You will then hear the correct answer. Repeat the correct answer after the speaker.

BEISPIEL: YOU HEAR: Treffen wir uns am Kaufhaus!
            YOU SAY: Könnten wir uns am Kaufhaus treffen?

1. ---   4. ---
2. ---   5. ---
3. ---   6. ---

14-8 Ist das möglich? You will hear a series of questions. Make them more polite by changing them to the subjunctive. You will then hear the correct answer. Repeat the correct answer after the speaker.

BEISPIEL: YOU HEAR: Kann ich hier parken?
            YOU SAY: Könnte ich hier parken?

1. ---   5. ---
2. ---   6. ---
3. ---   7. ---
4. ---   8. ---

14-9 Ich wünschte, ... You will hear a series of sentences. Restate them, using **wünschte** and the appropriate form of **würde**. You will then hear the correct answer. Repeat the correct answer after the speaker.

BEISPIEL: YOU HEAR: Wenn sie nur anriefe!
            YOU SAY: Ich wünschte, sie würde anrufen.

1. ---   5. ---
2. ---   6. ---
3. ---   7. ---
4. ---

14-10 Mini-Situationen. You will hear a series of situations. Respond to each one, using the subjunctive. You may stop the tape while responding. You will then hear a possible answer. Repeat it after the speaker. Remember that other answers may also be correct.

BEISPIEL: YOU HEAR: You are in a restaurant in Rome and it is very hot.
YOU MIGHT SAY: Könnten Sie mir bitte etwas zu trinken bringen?

1. ---
2. ---
3. ---

4. ---
5. ---

The past subjunctive

14-11 Wenn das Wörtchen *wenn* nicht wär, wär mein Vater Millionär. You will hear a series of sentences. Change them to the past tense subjunctive. You will then hear the correct answer. Repeat the correct answer after the speaker.

BEISPIEL: YOU HEAR: Wenn sie nur anriefe.
YOU SAY: Wenn sie nur angerufen hätte!

1. ---
2. ---
3. ---
4. ---

5. ---
6. ---
7. ---
8. ---

14-12 Was hätten Sie gemacht, wenn… . You will hear a series of sentences, each followed by a cue. Use the cues to form new sentences in the past subjunctive. You will then hear the correct answer. The sentences and cues will be read twice. Repeat the correct answer after the speaker.

BEISPIEL: YOU HEAR: Wenn es nur geschneit hätte. (kalt sein)
YOU SAY: Wenn es nur kalt gewesen wäre!

1. ---
2. ---
3. ---

4. ---
5. ---

Hörverständnis

14-13 Persönliche Fragen. You will hear eight questions about yourself. Answer them in complete sentences. You may stop the tape as you respond.

1. ---
2. ---
3. ---
4. ---

5. ---
6. ---
7. ---
8. ---

14-14 Richtig oder falsch? You will hear a series of statements. Circle **R** if they are correct, **F** if they are not.

1. R F
2. R F
3. R F
4. R F
5. R F
6. R F
7. R F
8. R F

14-15 Hannes ruft Petra an. You will hear the beginning of a conversation between two students about their plans for the afternoon. Listen carefully, then write the ending to their conversation. You may rewind the tape to listen as often as needed.

Petra: _____

_____

Hannes: _____

_____

Petra: _____

_____

Hannes: _____

_____

Kapitel 15: Mann und Frau in der modernen Gesellschaft

Gespräche

15-1 Hören Sie zu! Listen carefully to the conversation in **Schritt 4** from your textbook.

15-2 Wiederholen Sie! Now listen again to the first part of the conversation and repeat each phrase during the pause provided.

Strukturen

Constructions with *man*, *sich lassen* plus infinitive, and *sein + zu* plus infinitive

15-3 *Mann oder man?* You will hear a series of sentences. Circle **man** or **Mann**, according to which word you hear. (They sound alike; only their meanings differ.)

1. man	Mann		5. man	Mann
2. man	Mann		6. man	Mann
3. man	Mann		7. man	Mann
4. man	Mann		8. man	Mann

15-4 Ist das zu schwer? Kann man das machen? You will hear a series of questions. Answer them, using **sich lassen** + infinitive. You will then hear the correct answer. Repeat the correct answer after the speaker.

BEISPIEL: YOU HEAR: Kann man das machen? (ja)
                YOU SAY: Ja, das läßt sich machen.

1. ---	5. ---
2. ---	6. ---
3. ---	7. ---
4. ---	8. ---

15-5 Stimmt das? You will hear a series of sentences. Agree with the statements, using **sein + zu**. You will then hear the correct answer. Repeat the correct answer after the speaker.

BEISPIEL: YOU HEAR: Man kann dieses Buch leicht lesen.
                YOU SAY: Stimmt, dieses Buch ist leicht zu lesen.

1. ---	4. ---
2. ---	5. ---
3. ---	6. ---

Nouns

15-6 Wie sagt man das? You will hear a series of sentences, each followed by a noun. Substitute the noun into the sentence as the direct object. You will then hear the correct answer. Repeat the correct answer after the speaker.

BEISPIEL: YOU HEAR: Sehen Sie den Herrn dort? (Nachbar)
          YOU SAY: Sehen Sie den Nachbarn dort?

1. ---
2. ---
3. ---

4. ---
5. ---

15-7 *Männlich, weiblich* oder *sächlich*? You will hear a series of nouns. Repeat each one with its definite article. You will then hear the correct answer. Repeat the correct answer after the speaker.

1. ---
2. ---
3. ---
4. ---
5. ---
6. ---
7. ---
8. ---
9. ---
10. ---

11. ---
12. ---
13. ---
14. ---
15. ---
16. ---
17. ---
18. ---
19. ---
20. ---

Relative clauses and pronouns

15-8. Relativpronomen. You will hear a series of sentences. Combine them with a relative pronoun. You will then hear the correct answer. Repeat the correct answer after the speaker.

1. ---
2. ---
3. ---
4. ---
5. ---
6. ---
7. ---
8. ---

9. ---
10. ---
11. ---
12. ---
13. ---
14. ---
15. ---

15-9 Was ist das? You will hear a series of incomplete definitions. Finish them, using a relative clause. You may stop the tape while responding.

BEISPIEL: YOU HEAR: Eine schwangere Frau ist eine Frau…
 YOU SAY: Eine schwangere Frau ist eine Frau, die ein Kind erwartet.

1. ---
2. ---
3. ---
4. ---

5. ---
6. ---
7. ---
8. ---

Hörverständnis

15-10 Männer und Frauen von heute. You will hear a text about men and women of today. Listen carefully, then answer the questions. You may rewind the tape to listen as often as needed.

1. Auf was für eine Zukunft bereitete man früher Mädchen vor?

_____

_____

2. Was tat der Mann täglich?

_____

_____

3. Wie sah damals die ideale Familie aus?

_____

_____

4. Was steht im Grundgesetz?

_____

_____

5. Wie sieht heute die ideale Familie aus?

_____

_____

6. Was erwarten die Frauen von den Männern?

_____

_____

Lab Manual: Answer Key

Kapitel 1

1-10 1. ie
      2. ei
      3. ei
      4. ie
      5. ie
      6. ei
      7. ei
      8. ei
      9. ie
      10. ie

1-17 1. S
      2. P
      3. S
      4. either
      5. P

1-19 Guten Tag. Hier ist Lisa. Ich bin in New York. Meine Telefonnummer ist acht sechs drei sieben vier zwei neun. Es geht mir gut. Tschüs.

1-20 Alexandra: 18 29 37
      Alex: 32 56 89
      Michelle: 91 93 84
      Oliver: 88 74 35
      Karl ist krank.

Kapitel 2

2-5 1. front
     2. back
     3. back
     4. front
     5. back
     6. front

2-10 1. S
      2. S
      3. S
      4. P
      5. P
      6. S
      7. P
      8. P
      9. P
      10. S

2-19 Mein Klassenzimmer. Mein Klassenzimmer ist schön. Da sind eine Tafel, zwanzig Stühle und drei Fenster. Wir haben eine Professorin und neunzehn Studenten und Studentinnen. Alle studieren gern.

2-20 Rolfs Schwester: Helga
      Rolfs Bruder: Peter
      Brigittes Schwestern: Claudia und Doris
      Brigittes Bruder: Herbert
      Brigittes Geschwister: Claudia ist verlobt, Doris ist verheiratet, Herbert ist oft verliebt.

Kapitel 3

3-5
1. w
2. f
3. f
4. f
5. w
6. f
7. w
8. w
9. w
10. f

3-13
1. durch
2. gegen
3. ohne
4. für
5. um/durch
6. ohne

3-17 Meine Familie und meine Wohnung.
Meine Familie wohnt in Frankfurt. Wir
haben eine Wohnung. Meine Eltern sind
Lehrer. Ich heiße Susi, bin Studentin und
wohne in Heidelberg. Mein
Studentenzimmer in Heidelberg ist klein.
Meine Möbel sind schön. Die Couch ist
braun und orange. Der Tisch ist schon
alt, und die Stühle sind auch alt.

3-18 Karin hat: ein Zimmer, eine Couch,
einen Sessel, ein Radio, einen Fernseher

Karin möchte: eine Kaffeemaschine

Andreas möchte: ein Zimmer, einen
Kühlschrank, eine Kaffeemaschine, ein
Stereo, zwei Sessel

Kapitel 4

4-10
1. ein Bücherregal
2. die Familie
3. die Kinder
4. der Professor
5. eine Kamera
6. die Verkäuferin
7. der Bleistift

4-18 Ferien. Erik möchte im Sommer nach
Deutschland und Österreich fahren.
Seine Freundin Susie möchte auch
fahren, aber es ist teuer. Susie möchte
einen CD-Spieler und einen Computer
haben. Erik will ein Radio und einen
Fernseher. Vielleicht schenkt ihr Vater
ihnen alles.

4-19
1. Klaus hat Geburtstag.
2. Er hat am Donnerstag Geburtstag.
3. Er läuft Ski und fotografiert.
4. Sie schenken ihm eine Kamera.

Kapitel 5

5-11   1. I
2. S
3. S
4. I
5. S
6. I
7. S
8. I

5-15   Wer wohnt wo? Franz kommt aus Österreich. Er ist Lehrer. Seine Mutter ist Rechtsanwältin, sein Vater ist Mechaniker. Die Familie wohnt in Salzburg. Seine Kusine Regina ist in der Schweiz zu Hause. Sie ist verheiratet. Ihr Mann ist Verkäufer, sie ist Sekretärin. In der Familie gibt es zwei Kinder und auch eine Großmutter. Die Großmutter wohnt in Dresden.

5-16   1. a = Heidelberg
2. a = eine Küche
3. a = kochen zusammen,
    b = sehen zusammen fern

Kapitel 6

6-7   1. weiß
2. kennen
3. kennst
4. weiß
5. weiß

6-14   Die Gesundheit. Alle Menschen möchten gesund sein. Wir müssen gesund essen, sollen nicht rauchen, nur wenig Alkohol aber viel Wasser trinken. Wir möchten ohne Streß leben und keine Schmerzen haben. Die Gesundheit ist sehr wichtig. Ohne Gesundheit können Menschen nicht lernen, nicht arbeiten und nicht spielen. Tun Sie alles für Ihre Gesundheit!

6-15   1. U
2. U
3. L
4. U
5. U
6. U
7. L
8. U
9. U
10. U

6-16   1. falsch
2. richtig
3. falsch
4. falsch
5. richtig

Kapitel 7

7-13 Kennen Sie die Schweiz? Die Schweiz ist ein kleines Land südlich von Deutschland. Es gibt in der Schweiz etwa 7 Millionen Menschen. Die Hauptstadt der Schweiz heißt Bern. Andere große Städte dort sind Basel und Zürich. Aus der Schweiz kommen Uhren und Schokolade. In der Schweiz gibt es auch viele hohe Berge. Dort ist es sehr schön. Besuchen Sie die Schweiz!

7-14 Answers may vary.
1. Es gibt Menschen ohne Wohnung in jeder Stadt und in jeder Nachbarschaft.
2. Menschen ohne Wohnung sind: krank, alt oder jung mit Kindern. Sie haben oft keine Arbeit.
3. Menschen ohne Wohnung haben kein Telefon, keine Heizung, keinen Garten und keinen Fernseher.
4. Answers will vary.

Kapitel 8

8-9
1. ü - Anzüge
2. ü - dürfen
3. ä - gefährlich
4. ö - hören
5. ö - Köchin
6. ö - Körper
7. ö - Möbel
8. ä - nächst
9. ü - Rücken
10. ö - böse
11. ü - Frühjahr
12. ä - Geschäft
13. ü - Hüte
14. ö - können
15. ä - Mädchen
16. ü - Mütze
17. ä - Nähe
18. ä - tatsächlich

8-16 einen Pullover, lange Hosen, Handschuhe, eine Mütze, einen Skianzug, warme Unterwäsche

Kapitel 9

9-5 1. pf
    2. ff
    3. ff
    4. ff
    5. pf
    6. ff
    7. pf
    8. ff
    9. pf
    10. pf

9-6 1. k
    2. kn
    3. k
    4. kn
    5. k
    6. kn
    7. k
    8. k
    9. kn
    10. kn

9-17 Fleisch: Wiener Schnitzel
   Gemüse: Erbsen, Kartoffeln
   Nachtisch: Erdbeereis mit Kuchen
   Getränk: Kaffee

Kapitel 10

10-3 1. ei
    2. ie
    3. ie
    4. ei
    5. ei
    6. ie
    7. ei
    8. ie
    9. ei
    10. ie

10-4 1. back ch
    2. front ch
    3. back ch
    4. back ch
    5. front ch
    6. back ch
    7. front ch
    8. front ch
    9. back ch
    10. front ch

10-5 1. w
    2. v
    3. w
    4. v
    5. w
    6. v
    7. v
    8. v
    9. w
    10. w

10-16 1. Birgit war in Berlin.
    2. Sie kam spät abends an.
    3. Sie suchte
     a. Igor
     b. eine Jugendherberge (oder ein Zimmer)
     c. eine Bushaltestelle

Kapitel 11

11-17 1. F
2. R
3. F
4. R
5. R
6. F
7. F
8. R

11-18 Quons Kurse: Kunstgeschichte und deutsche Literatur
Anns Kurse: Betriebswirtschaft und Politologie
Quons Semesterarbeit ist über Faust.
Ann weiß noch nicht, worüber sie schreibt.
Quon geht nach Hause.
Ann geht zur Uni / zur Vorlesung.

Kapitel 12

12-15 1. Filme: mehrere
2. Videos: einige
3. Restaurants: viele
4. gute Tips: andere
5. neue Tiere im Zoo: wenige

12-17 Answers will vary.

Kapitel 13

13-11 1. Die Arbeit muß interessant und sauber sein, sie darf nicht langweilig sein. Der Arbeitsplatz muß ruhig und angenehm sein. Micaela will auch selbständig arbeiten, ein gutes Gehalt bekommen, nicht zu viele Pflichten haben, nicht zu schwer arbeiten und viele Ferien haben.

2. Nein, sie kann nicht am Computer arbeiten.

3. Sie braucht Geld. / Sie hat bald kein Geld mehr.

13-12 a. Restaurants
b. Cafés
c. wenigstens eine Apotheke in jeder Stadt

Kapitel 14

14-14 1. R
2. F
3. R
4. R
5. F
6. R
7. R
8. F

14-15 Answers will vary.

Kapitel 15

15-3 1. Mann
2. man
3. man
4. Mann
5. Mann
6. man
7. man / Mann
8. man

15-10 1. Man bereitete Mädchen auf eine Zukunft als Mutter und Hausfrau vor.

2. Er ging täglich zur Arbeit und verdiente das Geld.

3. Die Mutter war zu Hause, und der Vater arbeitete.

4. Alle Männer und Frauen sind gleichberechtigt.

5. Heute haben beide Berufe und kümmern sich um die Kinder und den Haushalt.

6. Sie erwarten, daß sie sich mehr um die Familie kümmern und weniger um Arbeit und Beruf.